Auf geht's, meine Herrschaften: hereinspaziert in den Jahrmarkt der Sensationen! Erleben Sie Herbert Achternbusch als Zigarettenverkäufer! Bestaunen Sie mit Joachim Ringelnatz die Riesendame! Folgen Sie Ernst Hoferichter auf die Straße der Abnormitäten! Bemitleiden Sie Thomas Wolfe in einer Massenschlägerei! Lauschen Sie Egon Erwin Kisch bei seiner Dramaturgie des Flohtheaters! Wundern Sie sich mit Karl Valentin über den Tiefseetaucher! Bedauern Sie mit Ödön von Horváth die Wiesenbraut! Besuchen Sie mit Hugo Hartung Sulamith, das blaue Weib!

... und noch viele andere literarische Sensationen erwarten Sie auf diesem Oktoberfestbummel der ganz besonderen Art!

insel taschenbuch 3352

Oktoberfest!

Oktoberfest!

Ein literarischer Wiesnbummel
mit Peter Maigler
Insel Verlag

insel taschenbuch 3352
Originalausgabe
Erste Auflage 2008

Vertrieb durch den Suhrkamp Taschenbuch Verlag
Umschlag nach Entwürfen von Willy Fleckhaus
Satz: Hümmer GmbH, Waldbüttelbrunn
Druck: Druckhaus Nomos, Sinzheim
Printed in Germany
ISBN 978-3-458-35052-1

1 2 3 4 5 6 – 13 12 11 10 09 08

Inhalt

Oktoberfest!

... im Übrigen nahm das Leben einen genauso normalen Verlauf wie bei uns in Wien während der Festwochen. Als wir nach langem Suchen einen wirklichen Münchner zu Gesicht bekamen und ihn fragten, was die Münchner anläßlich der Festwochen unternähmen, antwortete er kurz, aber bündig: »Gar nix. Mir warten aufs Oktoberfest« ...

Helmut Qualtinger

Sogar die Wiesn is mir no ned zwider,
da halt i mir jeds Jahr a paar Tag frei.
Da triff i holt die oidn Freindl wieder
Natürlich Augustiner: Schänke 2.

Konstantin Wecker

Vom Ernst des Lebens halb verschont
Ist der schon, der in München wohnt,
Wo man mit Fasching, Starkbier, Dulten
Und andern fröhlich-feuchten Kulten
Das Jahr noch immer weiß zu feiern.
Drum kommt ein jeder gern nach Bayern.
Nun, daß der arme Fremdling auch
Von Münchens Wesen einen Hauch –
Und sei's auch nur im Geist! – mag spüren,
Will ich ihn auf die Wiesen führen!

Eugen Roth

Willkommen zum Oktoberfest

steht in großen Lettern über dem festlich begrünten Hauptportal, durch das der Besucher auf die Theresienwiese gelangt. Wohl niemand ahnte 1810, daß aus dem mehrtägigen höfischen Fest anläßlich der Vermählung von Kronprinz Ludwig (dem späteren König Ludwig I) mit Prinzessin Therese von Sachsen-Hildburghausen, das mit einem fulminanten Pferderennen gefeiert wurde, einmal das größte Volksfest der Welt werden sollte. Bis zu sieben Millionen Besucher werden mittlerweile jährlich an den (meist) 16 Oktoberfesttagen gezählt, ebenso viele Maß Bier getrunken und allein über 100 Ochsen verzehrt. Vieles hat sich naturgemäß verändert seither: waren in den ersten Jahren Speisen und Getränke fürs Volk noch kostenlos, wird heute bereits ab Mai in der Presse und an Stammtischen heftig über den diesjährigen Bierpreis diskutiert: dieser ist schließlich das Maß aller Dinge auf dem Oktoberfest.

Aber das Oktoberfest manifestiert sich in wesentlich mehr als in Bierseligkeit und Maßkrugkeilerei. Ob der Besucher nun den letzten noch existierenden Flohzirkus der Welt oder das älteste oder das modernste Fahrgeschäft der Welt bestaunen möchte: dieser Mikrokosmos Wiesn wird all seinen Bedürfnissen gerecht. Gerade das Nebeneinander nostalgischer Kuriositäten und High-Tech-Sensationen machen einen Wiesnbummel zu einem stets immer wieder unvergleichlichen Erlebnis. So saust beim »Schichtl« nach wie vor täglich mehrmals das Fallbeil auf den Hals des unschuldigen Besuchers nieder, und auch Arabella, die Dame ohne Unterleib (»Lebend! Lebend! Kind normal gewachsener Eltern aus Tirol« – wie der Rekommandeur nicht müde wird zu erklären), ist jährlich aufs neue zu bestaunen. Ich kenne Arabella nun schon seit über dreißig Jahren, zugegeben, alle zwei bis drei Jahre sieht sie anders aus – sie wird halt (trotz ihrer Sache mit dem Unterleib) doch ab und zu geheiratet haben.

Viele Texte, die in diesem Buch versammelt sind, zeugen davon, daß gerade Schriftsteller immer wieder diese Gegenwelten und absurden Realitäten fasziniert und angelockt haben. So schreibt der bekennende Jahrmarkt- und Rummelplatzflaneur Bertolt Brecht im Oktober 1921 an Marianne Zoff: »... Ich bin einen Nachmittag auf dem Oktoberfest gewesen, sie trinken dort fabelhaft Bier und der Körper Salomés ist fünfzigtausend Mark wert, aber nicht entfernt so viel wie Lionel der Löwenmensch, der Liebling der Damen ...« Mehr hat Brecht uns über seine Oktoberfesterlebnisse allerdings bedauerlicherweise nicht hinterlassen.

Mit dem Oktoberfest ist es so ähnlich wie mit Weihnachten: je näher es rückt, desto kritischer wird es beäugt. Man beklagt, daß die Gemütlichkeit (oder was man dafür hält) einer Kommerzialisierung zum Opfer gefallen sei, hofft, daß der ganze Rummel bald wieder zu Ende sei und man sowieso nicht mitmachen wolle dieses Jahr. Und dann sieht man, wie bereits ab Mitte Juli die Gerippe der Bierburgen langsam in die Höhe wachsen, bestaunt die Siebenerbahn (so nannte Karl Valentin eine noch nicht fertig aufgebaute Achterbahn) und geht schließlich wieder hin und läßt sich wieder verführen von den Tausenden Verlockungen und Versprechungen. Und immer wieder kommen am Oktoberfest (eben wie an Weihnachten) Erinnerungen an frühere Zeiten zurück, ein Hauptmerkmal zahlreicher Texte, die dieses Buch versammelt.

Die Bücher, die es über das Oktoberfest gibt, füllen mittlerweile eine kleine Bibliothek. Etliche davon bedienen ein Klischee, das leider viele von der Wiesn haben, andere erzählen mehr oder weniger »humorvolle« Geschichten und Anekdoten. Lassen Sie sich mit diesem Buch auf einen Spaziergang der ganz besonderen Art einladen: einen Spaziergang durch 200 Jahre Oktoberfestgeschichte zusammen mit den Schriftstellern.

Ganz besonders danke ich Michael Hagemann, Winfried Hörning und Wolfgang Schneider, ohne deren Hilfe ich mich auf meinem Wiesnbummel verlaufen hätte.

Peter Maigler

150 Tage, 22 Stunden und 53 Minuten
vor dem nächsten Oktoberfest

Josef Ruederer
Die goldene Dose

Eine Erinnerung
an das erste Oktoberfest

Das war die Tante Therese, die jeden Josefitag gratulierenderweise zu mir kam und mir eine Apfelsine brachte. Ein Familienmöbel aus der guten alten Zeit, das sich mit den Gesichtszügen einer Beamtensgattin vorteilhaft abhob von den Bierbrauerphysiognomien unserer Familie. Deshalb wurde sie jedesmal mit besonderen Ehren empfangen. Man war stolz darauf, daß die verwitwete Frau Geheimsekretär ihre Vergangenheit nicht völlig verleugnete, man dankte ihr mit überschwenglichen Gefühlen; die Apfelsine aber, die zu jenen soliden Zeiten noch ein Geschenk von unermeßlichem Werte bedeutete, stellte man unter Beobachtung gebührender Vorsichtsmaßregeln in die Glasetagere des Möbelmagazins, in den Salon. Dicht neben den Brautkranz meiner Mutter, dicht neben ein mit Kieselsteinen gefülltes Glöckchen, ein Skandalinstrument auf elfenbeinernem Handgriff. Das hatte ich von derselben Tante schon in der Wiege erhalten, durfte es aber ebenso wenig anrühren wie die Apfelsine. Nur durch die Spiegelscheibe war es mir manchmal gestattet, wenn ich recht brav war oder eine bessere Zensur aus der Schule heimbrachte, einen Blick hinzuwerfen, einen ganz schüchternen, flüchtigen, damit die ausgestellten Kleinodien oder Leckerbissen ja nicht beschädigt wurden. Davon essen? Wahnsinniger Gedanke! Das geschah erst, wenn die Frucht völlig verhutzelt und ungenießbar erschien, unter Segenswünschen auf die treffliche Spenderin, unter großen Feierlichkeiten, gewöhnlich zu Pfingsten.

Und da kam es einmal, als ich so etwa zehn Jahre zählte, daß nicht nur die Apfelsine der zerbrechlichen Glashülle entstieg, sondern schöne Teller und buntgefärbte Tassen kamen heraus, Weinflaschen, in die Rosen und Tulpen geschnitten waren, fünf grüne Gläser und zum Schluß ein ovaler, heller Stein in Taubeneigröße. Das alles wurde auf den Tisch gesetzt, wie der Hort der Nibelungen vor die Königin Kriemhild.

»Siehst du den chinesischen Turm da droben?« fragte mein Vater, indem er auf die absterbende Vergoldung der Gläser deutete. »Siehst du rechts und links davon die Dattelbäume? Schau dir's nur genau an; das sind die Gläser, aus denen der König Max Josef I. getrunken hat, als er vor der Eröffnung des ersten Oktoberfestes bei deinem Urgroßvater Sebastian Seidl auf dem Wagnerbräukeller das Frühstück einnahm. Ja, schau nur, das sind die Teller, darauf hat der König gegessen und da ... der Stein« – er hob ihn in die Höhe, wie der Erzbischof beim Hochamt die Monstranz – »der Stein, der ist aus einer goldenen Dose; die hat der König deinem Urgroßvater eigenhändig überreicht zur Erinnerung an diesen Tag.«

Das Oktoberfest und der König, die Tante und die Apfelsine, die Gläser und der Stein – für ein junges Gemüt fast ein bißchen zu viel auf einmal. Außerdem: persönliche Eindrükke waren schwer zu sammeln, denn im Augenblick, wo man nach den Gegenständen greifen wollte, wurden sie hastig weggezogen und man bekam obendrein eine auf die Hand. Mit dem Fragen war's auch so eine Sache. Mein Vater galt zwar als wohlinformiert, er gravitierte wie die Tante nach den höheren Regionen, er nahm als Major der Bürgerwehr eine Stellung ein, die ihm die Tore der Residenz öffnete, trug auch jeden Sonntag, wenn er die Kirchenparade kommandierte, weiße Hosen mit Strupfen, konnte aber als vielbeschäftigter Mann wenig Zeit für die Neugier seines Buben aufbringen. Nur das eine verriet er mir noch, daß der Wagnerbräukeller des Urgroßvaters der heutige Bavariakeller oberhalb der Theresienwiese sei. Mußte mich also an die Mutter halten. Und da kam ich wie alle Kinder auf das Nächstliegende. »Der Stein ist ganz schön«, sagte ich, »aber wo ist denn die Dos'n?«

Meine Mutter wurde sichtlich verlegen.

»Die Dos'n? Oh mei, die hat der Onkel Toni.«

Der Onkel Toni! Das war sozusagen die *bête noire* der Familie, von der man nur in gedämpften Tönen sprach. Als männlicher Erbe hatte er nach dem Tode des Urgroßvaters den Wagnerbräukeller übernommen und herrschte da draußen als höchst unnahbarer Götze mit mehr Bierausschank als umgänglichen Manieren. Was man ihm eigentlich in der Familie vorwarf, konnte ich nie herausbringen. Irre ich nicht, dann flüsterte man eines Abends, als alles gedrängt im Wohnzimmer beisammen saß, von einer Mesalliance. Was er nun aber auch geheiratet hatte – eine Kellnerin, Seiltänzerin oder Wagnersängerin, jedenfalls lag auf ihm eine Art Bannfluch, der es mir ganz unmöglich machte, meine Wißbegierde an Ort und Stelle zu befriedigen.

Ich wollte aber alles erfahren! Nicht nur über die Dose, sondern auch über die fürstlichen Beziehungen unserer Familie und nicht zuletzt über das damalige Oktoberfest. So ging ich zur Tante. Die mußte genaueres wissen. Anno 1800 geboren, sollte sie als weißgekleidetes Mädel beim

Empfang des Königs auf dem Keller dabei gewesen sein, ja, von der Königin Karoline sogar einen Kuß bekommen haben. Nur mit Bücklingen durfte man sich dieser Respektsperson nahen, nur mit Sie durfte man so etwas anreden. Trotzdem wurde mir jede Auskunft rundweg verweigert, über die Dose sowohl wie über den König. Die Frau Geheimsekretär zog zahllose Falten auf den Mund herab, als hätte sie selbst von der Apfelsine gegessen, sie tat so geheimnisvoll, wie es höhere Staatsbeamte immer tun, wenn ein Interviewer daher kommt, und schließlich schob sie mich wieder zur Tür hinaus, indem sie mir zwei Biskuits in die Tasche steckte. Die gab ich zu Hause nicht ab, weil sie sonst wieder auf drei Monate unter Glas in die Etagere gewandert wären, sondern aß sie in tiefen Gedanken auf der Wanderung durch die Theatiner- und Sendlingerstraße zum Karlsplatz.

Dort stand, wo sie heute noch steht, inmitten freundlicher Anlagen die viel verrufene, erste protestantische Kirche der Stadt. Man hatte sie erbaut, teils aus Backstein, teils aus Parität. Um aber gleichzeitig den Gefühlen der katholischen Bevölkerung eine Abschlagszahlung zu geben, hatte man dem Gotteshaus der Lutherischen die Form eines Spucknapfs verliehen. Auf einige mag das beruhigend gewirkt haben, doch schwerlich auf die andere Tochter des Sebastian Seidl, die meine leibhaftige Großmutter war und nebenan wohnte. Sie betete den ganzen Tag, am meisten dafür, daß ihr solch' verruchte Nachbarschaft gnädig verziehen werde. Die historischen Erinnerungen zu pflegen, überließ sie neidlos ihrer Schwester oder dem Schwiegersohn. Dafür hingen über ihren prachtvollen Biedermeiermöbeln die stattlichen Gemälde, die den König Max Josef I. und die

Königin auf der einen, meine Urgroßeltern auf der andern Seite, alle miteinander im großen Paradekostüm darstellten. Mein Vorfahre im dunkelblauen, mit goldenen Knöpfen besetzten Tuchrock, der Max Josef in großer Generalsuniform mit dem Bande des Hubertusordens. Sonderbar nur, der König sah fast gemütlicher, behäbiger drein als der Urgroßvater. Er lachte mit dem roten, breiten Gesicht gar bierfidel in die Welt, während sein Gegenüber mit dem ganzen Bürgerstolz die Lippen verkniff und wie mit übler Vorahnung auf den neugierigen Enkel herniedersah. Und noch schweigsamer als die Männer verhielten sich, der nachahmenswerten Sitte der damaligen Zeit entsprechend, ihre Frauen. Sie sahen völlig ergeben drein, die gute Karoline in sitzender Stellung vor der ganzen Alpenkette, die vom Wendelstein bis zur Zugspitze reichte, die Urgroßmutter hoch aufgerichtet vor dem Stolz der Familie, vor dem mit Kastanienbäumen umpflanzten Bavariakeller.

Soll ich offen sein, dann muß ich sagen, ich war an diesem Tage, wo ich die in Ehren gehaltenen Bilder zum erstenmal mit einem gewissen Bewußtsein betrachtete, ein bißchen enttäuscht. Hatte mal einen König gesehen, draußen auf der Theresienwiese beim Oktoberfest. Der kam daher, viel geheimnisvoller, viel großartiger, auf weiten Abstand, in einem offenen Wagen, wie der Sturmwind. Ein wunderschöner Mann in Uniform, mit schwarzem Haare und hellblauen Augen, ein schwarzer Hut mit nickenden Federn und ausgezogenem Bataillenband. Nur einen Augenblick machte es aus. Und doch blieb's unvergeßlich für mich durch die Art der Erscheinung und die begleitenden Umstände. Ich bekam eine Vorstellung von Hoheit und Majestät auch ohne Szepter und Krönlein. Und die Menge half dazu, diese Begeisterung zu erhöhen. Sie schrie auf den Wagen ein, wie auf die buntgekleideten Maurerbuben, die eine Stunde später unter dem hochklingenden Namen Jockeis die abgerackerten Schindmähren der Getreide- und Häuserspekulanten dreimal über die ausgedörrte Festwiese hetzten: »Da Kini, da Kini!«

Im Repräsentationszimmer der Großmutter blieben solche Hochgefühle leider aus. Da war es mir plötzlich, als röche es auf einmal höchst bürgerlich oder wie auf der Festwiese nach offenen Bierbanzen und Steckerlfischen. Vielleicht auch nach Schnupftabak. Ja, ganz richtig, nach Schnupftabak; jetzt roch ich es deutlich. Erst erriet ich selbst nicht, wie ich auf so etwas kam, plötzlich aber fiel mir etwas auf bei meinem Urgroßvater. Der hielt in der linken Hand die kostbare Reliquie, die vielgenannte Dose. Glänzend strahlte sie auf mich nieder; auch der mir wohlbekannte Stein befand sich, da das Bild vor Aufteilung der Erbschaft gemalt war, an der Stelle, wo er hingehörte. Mit herablassender Miene hielt der glückliche Besitzer seinen Familienschatz dem König hinüber, als wollte er sagen: »Pris' g'fälli, Maxl?« Der König aber erwiderte: »Gib halt oane her!« und nieste gleich darauf mit solchem Gebrüll, daß die Damen aus den Bildern sprangen, der Kalk von der Decke fiel und ich selber davonfloh, jedem Verbote zum Trotz, zum Onkel Toni hinaus auf den Bavariakeller.

Solch selbständiger Ausflug galt in jenen Tagen für einen kleinen Kerl als unerhörte Leistung, als überseeische Reise. Brennt heut einer nach Venezuela oder Kapstadt durch, kann es nicht schlimmer sein. Ich empfand denn auch das Gewagte der Sache sehr bald, und die ungewohnte Gegend tat das ihre, die Schrecknisse meiner Expedition zu erhöhen.

Mein Sonnenschein

Gleich neben der Schillerstraße hörten die Häuser auf, nichts mehr sah man als die endlose Wiese. Nur ganz in der Ferne dämmerte allmählich was herauf: unten im Grase die leeren Pfosten, worauf sich im Herbste das Königszelt erhebt, oben der Bavariakeller. Der war damals noch nicht durch den neuen Stil verhunzt, sondern ein schönes, stattliches Gebäude mit patriarchalischem Giebel. Ich lief weiter über die im Sonnenlicht glühende Fläche, und wirre Gedanken zogen mir durch den Kopf. Erst fiel mir ein, daß man da draußen die Hochzeit von Vater und Mutter gefeiert hatte. Für das Bier und die zahllosen Braten war der Wagnerbräu, für die Weine und den Champagner der Vater des Bräutigams aufgekommen. Ich wollte mir, während ich so weiterrannte, eben den Kopf zerbrechen, wer wohl die Süßigkeiten bezahlt haben mochte, die bei so hohen Festen doch ebenfalls verabreicht werden, als plötzlich andere Bilder aus der zitternden Luft gleich einer Fata Morgana hervorbrachen: Bauern mit Ochsen und Kühen, Schützen mit Büchsen und Pulvertaschen, Zieler in scheckigen Lappen, Gaukler, Soldaten, Offiziere und schließlich der ganze Hof mit König und Königin. Aber diesmal nicht mehr prosaisch wie im Hause der Großmutter, sondern in Purpurmänteln mit güldenen Krönlein und mit huldvollen Gebärden. So schritten sie hinter mir durch das Tor des Kellers und dann die Treppe hinan in den großmächtigen Saal. Dort stand aber keine fürstliche Tafel bereit, wie ich erwartet hatte, sondern unter dem aus böhmischen Glas gefertigten Lüster ein riesengroßer, gutmütig aussehender Mann, der mit schallendem Gelächter alle die schönen Phantasien verscheuchte und mich durch einen Schlag auf die Schulter wieder ins irdische Dasein zurückrief.

»De Dos'n möcht'st sehgn? Mei Bua und Pepperl, des alte G'lump hab i lang scho ei'koch'n lass'n drinn in der Münz; jetzt lauf'n statt seiner sieb'n Goldstückln in der Welt umanander.«

Der in jener Stunde so sprach, war mein Onkel, der Wagnerbräu. Heute prangen König und Königin, Urgroßvater und Urgroßmutter in meinem Hause, und die Teller, die Tassen, die Gläser und der Stein blicken hinter modern umrahmten Glasfenstern hervor. Eine Apfelsine steht nicht mehr daneben, auch sind meine Kinder schon zu groß geworden, als daß ich sie noch auf die Hände schlagen könnte, wenn sie je einmal in den Glaskasten langen. Aber die derben Worte vom Bavariakeller haben mich immer noch nicht klug gemacht. Denn heute noch schaue ich gerne auf die Kostbarkeiten und suche mehr in ihnen, als vielleicht dahinter ist. [1810]

Anton Baumgartner
Oktoberfest 1823

Mehrere Tage vor dem Feste selbst füllt sich die Stadt mit Fremden, so daß sie in den Gasthöfen kaum unterzubringen sind. Man nimmt im Findlischen Kaffeehause schon im Voraus Theil an den in voller Pracht daselbst aufgestellten Preise-Fahnen und an der Thätigkeit, womit sich Hr. Findel dieses Geschäft hat angelegen seyn lassen. – Unter grünen zweckmäßigen Verzierungen wächst auf der Theresen-Wiese eine hölzerne Stadt mit wohlgeordneten Gassen mit Gallerien oben auf, mit allen ländlichen Spielen heraus, um mit allen Arten von Lebensmitteln und andern häuslichen Bedürfnissen beynahe 3 Wochen unter dem lustigsten Volksgetümmel in den Feyerstunden einen ununterbrochenen Verkehr daselbst zu treiben. In der Mitte, dem Berge gegenüber, ragt der Königl. Pavillon hervor, worin wir unsern Landesvater mit seiner höchsten Familie, die hochansehnlichen Fremden, und den ganzen Hof freudenvoll erblikken. – An den Seiten des Pavillons paradirt ein neu exerzirtes Bataillon der bürgerl. Landwehr, dessen Grenadiere mit neuen Mützen, und die Hautboisten mit neuen Uniformen geziert worden sind. [...] – An der Seite sind die Pyramiden für die Preisfahnen, und die eingefangten Stellen für das Preisvieh nach seinen Unterabtheilungen. – Im Hintergrunde erkennen wir an eigens aufgesteckten Fahnen die Zelten für die Preisgerichte des landwirthschaftlichen Vereins und des Pferde-Rennens. – Schon mit den frühesten werden die preiswürdigen Thiere, gepuzt, unter dem Kuhglocken-Geläute hinausgeführt, und da ströhmt schon alles hinaus und besetzt die Berge, bis der glänzende Zug mit den Preisfahnen für die Rennpferde erscheint und bis endlich auf einen Kanonenschuß durch die Ankunft des Königs und seiner Familie alles in eine freudige Bewegung geräth. – Zuvor hat man die schönen bürgerl. Sechspfünder-Kanonen bewundert, welche die bürgerl. Landwehre unter der Leitung des Hrn. Obersten v. Klöber in Augsburg hat gießen und bohren lassen und worüber von letztern eine öffentliche gedruckte Danksagung erschienen ist. – Se. Majestät geruhen die schönsten Preisstücke in Augenschein zu nehmen; die Preise selbst werden von Sr. Excellenz dem K. baier. Minister des Innern Herrn Grafen von Thürheim an die verdienten Landwirthe vertheilt, wornach das Pferde-Rennen beginnt.

Die Rennbahn beträgt, wie in dem vorübergegangenen Jahre, 7400 baier. Schuhe, und muß dreymal umritten werden. Zum Absprengen hat man einen von drey Seiten eingeschlossenen hölzernen Schranken vorgerichtet, damit nicht zur Unzeit abgesprengt, und damit alles Unglück vermieden werde. – Auf ein vom Renngerichte gegebenes Zeichen wird der vordere Schranken gezogen, und die Renner fliegen gegen die Königl. Loge voran. Immer im Kreise laufend werden sie von allen Augen fortwährend verfolgt, viele tausend und tausend Stimmen der Muthmassung, des Beyfalls, des Wettens, des Frohseyns, und am Ende beym Einsprengen in das Ziel des lautesten Beyfalles erschallen in der Luft, und erfüllen mehr als 50 000 Zuseher mit Freude – ein Tableau, welches der Künstler Adam bereits so treffend im Kleinen entworfen hat, daß es in das Große ausgeführt zu werden verdiente. – Sechszehn Bürger, zugleich Landwehrmänner der bürg. Cavallerie haben freywillig das Auffangen der einsprengenden Renner übernommen. – In der Zwischenzeit erheben sich dem Pavillon Sr. Majestät des Königs gegenüber, unter der Leitung des Hrn. Wilhelm Legrand, vaterländische Gesänge, das *Heil unserm König*, der *Baiern Chor* und der *Jungfern-Chor*, letztere beyde nach der Freyschützen-Musik, und weñ das Fest beendet ist, entwickelt sich der freundliche Knaul von allen Seiten. – Tags darauf nehmen die Schützen-Uebungen ihren Anfang. Der heurige Zug mit mehreren Fahnen wird besonders sich ausnehmen. Bald knallen die Feuergewehre von den bekanntlich ausgezeichneten baier. Schützen abgedrückt, durch die wiederhallende Luft. [...] – Die Ballester-Schützen zeigen sich mit ihren nicht selten altmerkwürdigen Ballestern, und obwohlen sie sonst nur auf 30 Schuhe geschossen haben, werden sie es heuer auf 50, und in der Folge auf 100 Schuhe versuchen. – Mit Ende der Woche wird das mit höchster Erlaubniß veranstaltete Lotto auf ein schönes gesatteltes Pferd, auf Silbergeschmeide, und verschiedene Kleinodien gezogen. – Gegen Abend gehen die ländlichen Spiele fort, und das 2te Pferde-Rennen am 12. Oktober beschließt diese Feste. – »Die Strassenbeleuchtung bey der Nacht, welche der Magistrat nunmehro in der Maximilians- und Ludwigs-Vorstadt lobenswürdig vollendet hat, wird denjenigen, welche Abends nach Hause kehren, die erforderliche Sicherheit gewähren.« [1823]

Felix Mendelssohn-Bartholdy
Briefe an seine Familie

München, den 6. October 1831

Nun habe ich mein Concert vor mir, das die Hände voll zu thun giebt; meine Bekannten, die mich jeden Augenblick im Arbeiten stören; das schöne Wetter, das Einern zum Ausgehen verlockt; die Copisten, die Einen wieder zum Zuhausebleiben nöthigen, – das alles macht das angenehmste, bewegteste Leben. Mein Concert hat müssen verschoben werden des Octoberfestes wegen, das nächsten Sonntag anfängt und die ganze nächste Woche dauert. Es ist da jeden Abend Theater und Ball, an kein Orchester und keinen Saal zu denken. Am Montag den 17ten, Abends um ½ 7 denkt aber an mich; da geht es los mit 30 Geigen und doppelten Blaseinstrumenten.

München, den 18. October 1831

– Es kamen nun all' die kleinen fatalen Besorgungen, der Anzeigen, Billete, vorläufigen Proben ..., und noch dazu war es die Woche des Octoberfestes. Wenn in München sonst schon die Tage und die Zeit so schnell forteilen, daß man am Ende immer zweifeln möchte, ob sie wirklich dagewesen seien, so ist das im Octoberfeste erst recht der Fall. Man geht da jeden Nachmittag um 3 Uhr auf die weite, grüne Theresienwiese hinaus, wo es von Menschen wimmelt, und kommt vor Abend nicht fort; denn überall giebt es Bekannte und etwas zu sprechen oder zu sehen: einen Wunderochs, ein Scheibenschießen, ein Wettrennen, schöne Ringelhäubchen u. a. m. Was man zu borgen hat kann man da abmachen, denn die ganze Stadt ist draußen, auf der Wiese, und erst wenn die Nebel anfangen aufzusteigen, bewegt sich der Schwarm wieder nach den Frauenthürmen zu. Dabei sind alle Menschen in Bewegung, laufen hin und her, – die Schneeberge in der Ferne sind so klar und friedlich, daß sie immer wieder einen kommenden frohen Tag versprachen und hielten; – und was die Hauptsache ist: lauter lustige, unbesorgte Gesichter, ein paar Deputierte etwa ausgenommen, die ihren Kaffee im Freien zu sich nahmen und weiter über den jammervollen Zustand unseres Landes sprachen, während das Land um sie herumsteht und heiter aussieht. Wenn der König am ersten Tage die Preise selbst austheilt, vor jedem Preisgewinner den Hut abnimmt, den Bauern die Hand giebt oder sie am Arm packt und schüttelt, so finde ich es zwar an sich selbst eigentlich ganz recht, wie überhaupt die Geselligkeit hier im Äußerlichen weniger gesondert ist; ob es aber innen tief geht, darüber wollen wir einmal mündlich sprechen. Ich bleibe bei meiner ersten

Meinung, doch ist es wenigstens gut, daß der lächerliche Etiquettenzwang äußerlich gar nicht beachtet wird; es ist doch immer Etwas.

Ludwig von Gaisberg
Reise zum Münchner Oktoberfest 1835

Es ist jezt Zeit, daß ich der Festlichkeiten gedenke, welche in der Woche vom 4ten bis 11ten Oktober das Münchner Publikum beschäftigten.

In den lezten Tagen vor ihrem Beginn hatte sich eine ungeheure Masse Fremder eingefunden und ihre Zahl stieg mit jeder Stunde. Aber die Witterung drohte gewaltig. Tags zuvor fiel häufiger Regen und schweres Gewölke am späten Abend stimmte alle Hoffnungen tief herab. Um so überraschender war der herrliche Morgen des 14ten Oktobers und kaum traute man seinen Augen, als man den klaren blauen Himmel über sich erblikte.

Tausende von Menschen wogten schon in aller Frühe durch die Strassen und schaarenweise strömten die Landleute aus den benachbarten Orten herbey. Daß das Hauptfest jedesmal an einem Sonntag abgehalten wird, scheint mir besonders wegen der Landbewohner sehr angemessen. Bunt durcheinander gewebt, drängte eine ungeheure Menschenmasse in langen Zügen meist zum Carlsthor hinaus und an der protestantischen Kirche vorbey nach der nahen Theresienwiese, welche bald von Schaulustigen wimmelte.

Selten dürfte ein Plaz gefunden werden, welcher sich für grosse Volksfeste so sehr eignet als dieses natürliche Amphitheater, wo Hunderttausende sich aufstellen und was noch mehr ist, Alle sehen können. Durch Gefälligkeit von Bekannten fand ich einen günstigen Plaz auf der Tribüne, welche dem königlichen Pavillon gegenüber vorzugsweise für Offiziere und Angestellte errichtet wurde. Sie gewährte mir den Vortheil, den König, die königliche Familie und sämtliche dem Feste beiwohnende Nobilitäten anfahren und ihre Pläze einnehmen zu sehen.

Das königliche Zelt war mit blau und weissen Fahnen geziert, über demselben – die weite Fläche begrenzend – dehnte sich in freundlicher Beleuchtung die Hauptstadt mit ihren Thürmen. Zur Rechten blikte aus weiterer Ferne die Kette des baierischen Hochgebirgs mit ihren schneebedekten Gipfeln, unter denselben besonders die Zugspize – der höchste Punkt desselben – mächtig emporragend.

Militärische Musik verkündete das Anrüken der bürgerlichen Landwehr, welche beym heutigen Feste ausschließlich Spalier bildet. Ich bewunderte die Ruhe und Ordnung mit welcher Alles vor sich gieng, man merkte daß das Volk selbst Polizey hielt, denn die wenigen Gendarmen hätten nicht ausgereicht. Offenbar lag es im Gefühle eines Jeden, ein solches Fest dürfe nicht durch muthwillige Uebertretung der Geseze gestört werden. Man denke sich ein französisches Publikum, und eine ganze Gendarmerielegion wäre kaum hinreichend gewesen, hier Ordnung zu erhalten.

Lange harrte in gespannter Erwartung die Menge – deren Anzahl auf 100,000 geschäzt wurde – der Hofstaat, das diplomatische Corps und die Mitglieder der Nebenlinien des königlichen Hauses hatten bereits die grosse Tribüne gefüllt, als endlich gegen halb 2. Uhr Kanonensalven die Abfahrt des Königs aus der Residenz verkündeten. Die Landwehr-Cavallerie der Hauptstadt begleitete das Herrscherpaar. –

Auch die Königin Witwe Caroline befand sich im Wagen des Monarchen, welchem seine übrige Familie mit dem Erbgroßherzog von Hessen und der gerade anwesende Prinz August von Würtemberg folgten. Lauter Vivatruf empfieng den König, und die verschiedenen Musikchöre mischten sich mit den Stimmen der Volksmenge. Das Fest begann.

Das Ausgezeichnetste desselben war unstreitig der grosse Zug von 80. buntgeschmükten Wagen, welche lebendige Bilder des baierischen Volks und Landes darstellten, geleitet von 1000. Reitern, fast durchaus Landleute in ihren eigenthümlichen Trachten, aber alle mit blau und weissen Fähnchen versehen.

Es war dabey die Aufgabe, auf jedem der vielfach geformten Wagen – alle mit Blumen, Bändern und Grünem umkleidet – ein in sich abgeschlossenes Gemälde darzustellen, mit lebendiger Staffage, so daß gleichsam das ganze Land in allen seinen Naturverhältnissen und Thätigkeitsbeziehungen im Miniatürbilde vorübergieng. Wenig scheint dabey dem Zufall überlassen geblieben, sondern das Meiste von Künstlersinn geordnet worden zu seyn, denn die Gruppirungen konnte man sich oft nicht passender denken.

Freilich kamen auch Wiederholungen vor, aber man ließ sie sich gerne gefallen, denn der Zug gieng – selbst im langsamen Schritt – rasch genug vorüber, daß das Auge nicht bey jeder Einzelheit verweilen konnte.

Voran zog des Hauses Banner die Fahne von Scheyern und die von Genien umgebene Bavaria; auf hochbewimpelten Wagen die acht Kreise des Königreichs führend, jeder mit seinen Attributen. Die vier Jahreszeiten folgten, zwey besonders schön gehaltene Bilder boten der Herbst und der Winter, ersterer von einer Fülle von Obst und Weintrauben und gepuzten Winzern, der zweite eine unter einem blattlosen dürren Baum gruppirte Tagsparthie. Weit strekte der Baum einen langen dürren Ast über die Jäger und ihre Begleiter, die eben mit Hasen und anderer Jagdbeute beladen heimkehrten, jeder auf andere Art sich vor der Kälte schüzend, während ein Paar Buben um ein Feuer sassen und sich die Hände wärmten.

Einen um so heiteren Eindruk machte das Bild, als von oben warm die Sonne schien.

Die Stadt Landsberg schikte die schönsten Mädchengesichter zum Fest, Personifikationen der Volkstugenden darstellend, darunter eine Minerva mit hohem Speer und grossen hellblikenden Augen bewaffnet, die Tochter des Landrichters; eine dunkelbräunliche Ceres mit voller Aehrengabe, dann eine blondgelokte Religion und eine hellblau drapirte Treue.

Nun begannen erst die Darstellungen des eigentlichen Volkslebens, ein Obstgarten mit vollhängenden Bäumen die eben gelesen werden, dann Mähder und Mähderinnen auf einer üppigen Wiese, emsig die Sense schwingend, während einer zur Seite saß und dengelte und ein anderer rechte; ein voller Schaafpferch mit Hürde, Schäfer und Schäferin, ein freundlicher Garten voll Blüthen und Blumen, die ein Gärtner pflegte u. eine Gärtnerin mit der Gießkanne umgieng; das lustige Flachsschlagen und Weifen, das Hopfenzupfen, endlich das schönste dieser Erndtegemälde: ein voller Getreidewagen, der – plözlich in der Mitte sich öffnend – in einen Scheuneboden sich verwandelte, wo ein Halbduzend Drescher weidlich die Flegel rührte.

Unendlich war der Volksjubel bey dieser unerwarteten Metamorphose und als der Wagen nachdem er das königliche Zelt passirt hatte, sich wieder schloß und die Drescher wieder in seinem Schooße barg, fordrten Tausende von Stimmen daß er seinen Bauch noch einmal öffnen und die Arbeit wieder beginnen sollte. Es geschah, auch für das Volk ward gedroschen.

Eine zweite Abtheilung, Darstellungen des Gebirgslebens, folgte; die erstere noch übertreffend durch ihren anziehenden eigenthümlichen Charakter.

Wem, der die Gebirgswelt kennt, lacht nicht das Herz im Leibe bey der Erinnerung an jene ernsten, ruhigen Seen, die sonnigen Alpen, die Sennhütten mit ihren Sennerinnen, die dunklen Waldhöhen mit den glänzenden Schneegipfeln darüber und in dieser schönen stillen Natur die kräftigen Menschen bey denen aus jedem Blik, jeder Muskel die Lebensfülle spricht, die sich ausläßt im Alprohr des Hirten und in dem fröhlichen Gejodel, das von Berg zu Berg wiederhallend, dem Leben in der reinen stärkenden Luft jener Höhen einen so eigenthümlichen Reiz verleiht. – Diese Natur, die sich in den Ländern deutscher Zunge nur in Tyrol und in den Urkantonen der Schweiz wiederfindet, sah man hier vorübergeführt. Zuerst kam ein Reitergeschwader etlich und siebzig an der Zahl, mit ihrem spizen Hut, ihrem dunklen Kittel, ihren starken grobknochigen Rossen.

Eine Gesellschaft von Gebirgsschützen in einer grünen Reiserhütte von unbequemen Baumstämmen leicht aufgeschlagen, darüber das Bretterdach, mit Steinen beschwert, damit der Wind das leichte Haus nicht mit jedem Stoße davon führe, innen die melkende Sennerin mit ihrem blühend schönen Buben, der lustig das Alphorn bließ oder mit gellendem Juhschrey die hunderttausend Versammelte übertönte; dann ein Floß mit Fäßchen befrachtet, ein Paar bündeltragende Handwerksbursche als Passagiere führend, vorn des Schiffmanns Frau mit dem kupfernen Suppentopf über'm Feuer, neben dem Feuer ein Zitterspieler sizend und seine Lieder singend. Dem Flosse folgte ein von der Alpe heimkehrender Hirt mit seinem Vieh und dessen hellem Schellengeklingel.

Hierauf 150. Gebirgsschüzen zu Fuß, voran ihre Fahne, ihre Trommler und Pfeifer. Der Zug selbst in drey Abtheilungen, aber militärisch, in geschlossenen Gliedern, nach den Thälern und den ihnen eigenthümlichen Trachten gesondert, zuerst die mit den grossen hellgrünen Schlapphüten, mit den breiten flatternden Bändern, den langen hellgrünen Röken und den langen Büchsen; dann die mit dem engen schwarzgrünen Wamms, dem Spizhut, dem Stuzen und dem nakten Knie; endlich die mit dem kurzen dunklen Rok, dem breiten schwarzledernem oft reichgestikten Gürtel und dem diken Schlagring, wie man sie aus dem Bilde Andreas Hofers und seiner Passeyrer kennt.

Es war eine herrliche Scene, lustig als wäre man mitten ins Gebirge versezt, klangen die Trommeln und Pfeifen voran den starkbewehrten Männern mit ihren kurzen, dichten, dunkeln Bärten und ihren hellen beweglichen Augen. Schiffe, die Schifferey des Oberlandes darstellend, schlossen sich an; sorglich lenkte der Steuermann das Steuer, emsig bewegten sich die Ruder, bunt flatterten Segel und Wimpel. Auf einem Nachen angelte ein Fischer, ein zweiter warf seine Neze aus, ein dritter strikte dergleichen. Dann festlich geschmükte Gondeln an Tegernsee und Stahrenberg erinnernd, endlich ein Schiff mit Mövenjägern; statt der Möven flatterten unerwartet ein Paar Duzend Tauben auf, die auf eine gewisse Höhe über der Versammlung sich erhoben, scheu, wie vom Schüzen aufgejagt, über der freudig überraschten Versammlung Kreise um Kreise zogen und endlich Ruhe suchend meist auf den Stangen des königlichen Zeltes sich niederliessen. Ein schneeweisses Täubchen, schwindelnd vom lange eingesperrt seyn, fiel innerhalb der hohen Versammlung nieder und fand in den niedlichen Händen der zartgeformten Prinzessin Theodolinde von Leuchtenberg ein schüzendes Asyl. Hierauf kamen Schaustellungen ländlicher Festlichkeiten, eine Kirchweihe, eine Bauernhochzeit pp; auch die Erinnerungen an die Vorzeit sollten nicht fehlen. Man sah Landleute aus der Würmsee-Gegend in der Kleidung des sechzehnten Jahrhunderts, dann mehrere Gruppen Geharnischte zu Roß und zu Fuß; einen alterthümlichen Wagen mit Waffen und Waffenschmuk von Reisigen geleitet, einen zweiten, erinnernd an die Sage wie König Pipin auf alter Burg bey Freising wohnend, auf der Jagd sich verirrte und zu der Reismühle am Würmsee kam, wo er die schöne Magd Bertha gefunden, die ihm Carl den Grossen gebar.

Im Ganzen lag nichts Imponirendes in diesen, aus den Rüstkammern wohin sie gehören, hevorgegangenen Waffenstüken, in diesen alten Harnischen um neue Leiber geschnallt, die fremd in dem fremden Gewande waren, denen hinter dem Blechpanzer die gefärbte Steifleinwand komisch hervorstach.

Wie rüstig und frisch nahm sich des Gebirgsschüzen grüner Kittel und blanke Büchse neben diesen von antiquarischen Schneidern zusammengenähten Rittern aus. Es lag wohl in der Natur der Sache, es war der Absprung von der Wirklichkeit zum Scheine.

Jene Schüzen, es sind noch dieselben kräftigen Gestalten, dieselben sonnegebräunten Gesichter, wie sie vor 130. Jahren, 3000. an der Zahl, vom Oberlande herunterzogen, um die Rechte des von seinen Grossen preisgegebenen Maximilian Emanuel zu vertheidigen und für ihn zu sterben in den Mordweihnachten bey Sendling.

Bilder aus dem Städteleben beschlossen den fröhlichen Festzug. Da sah man einen reichgeschmükten Kunstgarten mit vollen Orangebäumen, eine Gruppe der Zimmerleute, der Maurer und anderer Gewerbe, mannigfache Allegorien auf die städtischen Lebensverhältnisse, auch eine Versammlung alter Magistrate – eine Stadtraths-Sizung – endlich 400. Reiter, vier und vier in langer Kolonne.

Fast zwey Stunden hatte dieser Festzug gedauert und durch immer neue Erscheinungen neue Ueberraschungen bereitet; er war gleichsam ein Repräsentant des gesammten baierischen Landes, ein Tag aus dem Leben und Treiben seiner vier Millionen Bewohner.

Häufig überreichten die Vorüberziehenden dem Königspaare Gedichte, Kränze oder kleine Geschenke, die freundlich und huldreich aufgenommen wurden.

Nach einer Pause begann das Wettrennen. Wie ein Schwärmerkasten prasselten auf den dritten Trompetenstoß etlich und dreissig Wettrenner zumal durch die geöffneten Schranken. Die Pferde werden von Jokey's geritten, abgeführten unternehmenden Buben, die Alles daran sezen, ihre Preise zu erreichen. Bald bleibt die grössere Menge zurük. Manche ziehen unter Gelächter wieder ab und nur Wenige machen sich bis zum lezten Augenblik den Sieg streitig, während sich die Menge durch Applaus und Bravorufen für diese Beharrlichen interessirt. Besonders stark war der Jubel wenn ein Zurükgebliebener einen Vorangeeilten einholte oder überfieng. Während der Minister des Innern, Fürst von Oettingen-Wallerstein die Preise vertheilte, unterhielt sich der König freundlich mit den Anwesenden und mit den Landleuten welche zum Empfang der Preise vortraten. Oft klopfte er ihnen auf die Schulter oder reichte ihnen unter aufmunternden Gesprächen die Hand.

So endigte dieß wahrhaft deutsche Fest, das jedem Anwesenden einen günstigen Eindruk hinterlassen mußte. Unter Kanonensalven und von der Landwehr-Cavallerie begleitet, kehrte die königliche Familie nach der Residenz zurük und die Volksmenge zerstreute sich nach allen Seiten. Theils nahm sie in langen Zügen ihre Richtung nach der Stadt, theils suchte sie Unterkunft an den zahlreichen Tischen oder in den mit Laubwerk gezierten Baraken und Zelten welche für die Dauer des Oktoberfestes auf der Theresienwiese wie Pilze emporschiessen.

Ich eilte nach der Stadt zurück, schnell bey Tambosi das Mittagsmahl einnehmend, um die Stumme von Portici nicht zu versäumen. Ihre Aufführung blieb unter meiner Erwartung: warum werde ich am Schlusse sagen, wenn ich der übrigen Stüke gedenke, welche ich während meines Hierseyns zu sehen bekam.

Am folgenden Tage (den 5ten) sah man den festlichen Zug der Büchsen und Stahlarmbrust-Schützen, welcher vom Rathhause durch die Residenz nach der Theresienwiese gieng und damit das grosse Schiessen eröffnete, welches mehrere Tage währte.

Trompeter, Herolde, Bannerträger mit den Preisfahnen Pitschenmeister und Zeiger – alles in altdeutschem Costüme, dem grossen Festschiessen vom Jahr 1577. nachgebildet – marschirten an der Spize, ihnen folgten zwey und zwey die Schüzen mit umgehängten Büchsen und Waidtaschen, die Stahlarmbrustschüzen und ein Zug Landwehr machte den Beschluß. Die Preisfahnen, auf welche man hier überhaupt sehr viel hält, waren zum Theil sehr reich und geschmackvoll. Aber die Witterung war diesem Vergnügen nicht günstig, wie es denn überhaupt von jezt an so häufig regnete, daß mehrere Sachen auf andere Tage verlegt werden mußten, die ich jedoch sämtlich – bis auf das grosse Feuerwerk – zu sehen bekam. Dieß wurde von Tag zu Tag hinausgeschoben und wie ich später hörte, ziemlich unvollkommen abgebrannt, da es durch mehrmaliges Aufstellen und Abbrechen in einigen Theilen Schaden erlitten hatte.

Am 6ten Oktober war das Wagenrennen. Vier Wagen, in der Form der römischen Bighe, wie ich sie voriges Jahr auf dem Monte Pincio sah – Eigenthum des Herzogs Max, aber mit Pferden verschiedener Besizer bespannt – sollten den Münchnern zum erstenmal das Schauspiel eines Wagenrennens bereiten.

Eine gerade, ungefähr 1000. Schritte lange Rennbahn war dermassen abgesteckt, daß sie vier Gassen bildete, in welcher je ein Wagen sich viermal hin und her zu bewegen hatte. Da am Ende der Bahn zum Wenden und Ausruhen der Pferde jedesmal etwas angehalten wurde, so zählten die vier Course zusammen. Wahrscheinlich traf man diese Einrichtung um Unglük zu verhüten, indem man für's erstemal den Wagenlenkern noch nicht Fertigkeit genug zutrauen mochte, frei im Kreise ohne die abgestekten Fahrbahnen zu rennen, wie es eigentlich seyn soll und wie ich es auch in Rom – wo dieses Vergnügen sehr beliebt ist – sah.

Der Hof war gegenwärtig, jedoch nicht mehr in der Zahl und im Glanze des Hauptfestes.

Ehe das Wagenrennen begann, hielt eine Anzahl Hunde die in dem Gewühle ihre Herren verloren, zu grosser Belustigung der Volksmenge, ein eigenes Rennen.

Ueberall zurükgejagt, von Prügeln verfolgt, rannten sie wie unsinnig hin und her, doch kam glüklicherweise keiner den Pferden unter die Füsse.

Zuerst hielten die Kutscher mit den Rennwagen ihren Umzug. Sie waren sämtlich in antikem Costüme, in bunten Mänteln und Federbüschen, Wagen und Pferdegeschirr demselben entsprechend.

In den beiden ersten Coursen blieben zwey flüchtige Rappen des Prinzen Max mit dem Wagenlenker in den bairischen Farben die ersten, aber in den zwey lezten Coursen schien ihre Kraft gebrochen und zwey grosse starke Schimmel des Grafen Vieregg fiengen erst jezt an sich zu fühlen. Sie mußten mit einander stechen und die Schimmel blieben Sieger.

Den ersten Preis, ein silberner Pokal mit dem Stadtwappen erhielt der Graf Vieregg, den zweiten, ein neuer englischer Reitzeug der Prinz Max, den dritten, ein silberner Hirschfänger der Herr von Maier; den vierten, ein Paar silberne Sporen nebst Reitgerte der Graf von Seefeld. – Offenbar stunden die unbedeutenden Preise in keinem Verhältniß zu dem, was dabey aufs Spiel gesezt werden mußte.

Ein tüchtiger Regen gleich nach Beendigung des Rennens diente als Abkühlung. Es ist ein eigener Anblik, wenn die Tausende von Zuschauern auf einmal die Regenschirme ausspannen; das bunte Farbenspiel derselben gibt der weiten Fläche auf einmal die Gestalt eines ungeheuren Blumenparterres.

Drey Tage darauf (am 9ten) war die Luftfahrt des Professors Reichard. Man hatte ihn zur Verherrlichung der Festlichkeiten eigens aus Dresden beschrieben und ihn mit 5000 f. sowohl für die Luftfahrt als alle sonstige Kosten engagirt. – Der Ballon war von beträchtlicher Grösse aus feinem baumwollenem Zeuge mit Firniß getränkt. Daran hieng ein Schifflein aus Weiden geflochten, höchstens für zwey Menschen spärlichen Raum gewährend. Man glaubte die erwachsene Tochter des Professors werde ihn begleiten, allein es unterblieb. Während der Füllung ließ Herr Reichard zur Belustigung der jüngeren Glieder der königlichen Familie kleine Ballons steigen, die zugleich die Richtung anzeigten, wohin er auf seiner Fahrt wohl getrieben werden möchte. Lange dauerten die Vorbereitungen, der heftige Wind schleuderte den von Striken festgehaltenen Ballon so hin und her, daß man dem Aufsteigen mit banger Erwartung entgegen sah, überdem regnete es von Zeit zu Zeit. Endlich bestieg der Luftschiffer seine Gondel, die Strike lösten sich und in einem Augenblik wo der Wind etwas nachgelassen, stieg der Ballon zu Jedermanns Verwunderung ohne Schwanken senkrecht in die Höhe. Erst in beträchtlicher Höhe zog er sich entschieden östlich über die Stadt und die Isar. In der Grösse einer Nuß verschwand er in den Wolken. – Vom Luftstrom erfaßt, legte er in anderthalb Stunden die unglaubliche Streke Wegs von fünf und zwanzig Stunden zurük, indem er am Marktfleken Eggenfelden im Unter-Donaukreise (gegen Pahsau zu) herunterkam.

Reichard schäzte die Höhe welche er erreichte, zu 5600.

Fuß; sein Ballon hatte noch Füllung für eine dreimal längere Fahrt und er würde sich nicht so bald niedergelassen haben, allein gleich anfangs gerieth er in ein Schneegestöber – wo es unten regnete – und später konnte er es vor Kälte nicht mehr aushalten. Dieß war wirklich Schade, wäre er früher abgefahren, so konnte er unter anderen Umständen bis Linz oder bey anderem Winde nach Regensburg, nach Nürnberg, Würzburg, Stuttgart oder gar nach Strasburg gelangen.

Am folgenden Tage (10ten Oktober) war Wett-Ringkampf und Radlaufen. Die Bäkergesellen von München fochten einst in der Schlacht von Mühldorf tapfer für Kaiser Ludwig den Baier. Darum haben ihre Nachfolger einige Privilegien und eine eigene Fahne und zeigen sich bey solchen Gelegenheiten gerne in handfesten Kampfspielen.

Fünf und zwanzig derselben, athletische Gestalten, gelb costümirt, Arme und Naken frei, die Beine in Trikots gestekt, traten feindlich einander gegenüber.

Ein Paar um das andere versuchte sich zuerst mit gegeneinander gestemmten Händen, die nicht von der Schulter kommen durften, sich wechselseitig vom Plaze zu drängen; eine Uebung die bald langweilig wurde. Dann rangen sie, wobey der Stärkere den Schwächeren auf den mit Gerberlohe bestreuten Boden warf, was offenbar mehr Unterhaltung gewährte. Nun kam das Radlaufen der Wagnergesellen, die sich – hellblau und weiß gekleidet – zahlreich eingefunden. Die Aufgabe bestund darin: ein Rad in der Weite des ganzen Circus (eine halbe Stunde) im Lauf herumzutreiben und die ganze Schaar der armen Teufel sezte sich aufs gegebene Signal in Bewegung. Es war ein peinliches Gefühl, den nach Luft schnappenden Menschen zuzusehen, von welchen nur wenige die ganze Länge des Circus umkreißten. Ein blasser schmächtiger Bursche war der Erste.

Den Beschluß machte ein Wettlauf der inzwischen wieder zu Athem gekommenen Bäkergesellen, auf kurze Entfernung, aber mit ganzer Kraft.

Lag es wohl in der Kleidung oder wirklich in den Körperformen, daß die blau und weissen Wagner mit den niedern schwarzen Baretten, neben den barköpfigen, gelbgekleideten Bäkern so zart, so schwächlich und leibarm aussahen; ich weiß es nicht, denn die Arbeit der Wagner ist doch so gut Handarbeit wie manche andere.

Sonntag den 11ten Oktober war das zweite Wettrennen oder sogenannte Nachrennen, ebenfalls in Gegenwart des Hofes. Es bildete eine schwache unbedeutende Wiederholung dessen was vor acht Tagen am Hauptfeste vorkam. Allein während der Festwoche hat der Münchner schon einmal seinen Zug nach der Theresienwiese und so bleibt auch der Fremde um so weniger zurük.

Montag den 11ten geschah die feierliche Grundsteinlegung zu der Basilika des heiligen Bonifacius, die der König der Glyptothek gegenüber, zugleich auch als Pfarrkirche für die Bewohner der Maxvorstadt, aus eigenen Mitteln erbauen will. Zugleich fand eine grosse Parade der gesammten Garnison statt.

[1835]

Anonym
Oktoberfest 1835

Man drängt, man stößt, man läuft,
man frißt, man spielt, man säuft,
man rauft, man schimpft, man haut,
man staunt, man gafft, man schaut,
man kommt, man ist da, man geht,
man schiebt, man hält, man dreht,
man reitet, man fährt und sprengt,
man eilt, man springt, man rennt,
man singt, man lacht, man scherzt,
man jubelt, hüpft und herzt,
jedoch die Nacht bricht ein,
man läßt's für heut' gut seyn.

[1835]

Friedrich Hebbel
Oktoberfest

Auch dieses Jahr wurde das Oktoberfest, der heranschleichenden Cholera zum Trotz, in hergebrachter Weise gefeiert ... Die Theresienwiese, auf der das Volksfest abgehalten wird, stellt sich dem Auge als eine kaum übersehbare grüne Fläche dar, die an zwei Seiten von der Stadt und ihren freundlichen Vorstädten begrenzt ist; an der dritten ruht der Blick auf den seltsam gestalteten Massen des Tiroler und Bayerischen Gebirges, welches riesenhaft wunderlich den Gesichtskreis abschließt. Hier wimmelt es von Zelten und Buden aller Art; Garküchen, Konditoreien, Wein- und

Bierschenken wechseln miteinander ab ... In der Mitte der Buden nun noch der für den Hof bestimmte Pavillon, ringsherum die Plätze für das aufzustellende Preisvieh, sowie die Rennbahn, etwas in die Ferne gerückt die Schießbahnen – hier wären die Ufer abgesteckt, zwischen denen der brausende Menschenstrom sich hindrängt. Der Münchener weiß, daß man in den Himmel nicht zu früh kommen kann. Deshalb findet sich schon zwei bis drei Tage vor Beginn des Festes eine Masse von Spaziergängern aus allen Ständen auf der Theresienwiese ein, und der Fremde hat die beste Gelegenheit, sich mit der Bevölkerung der Stadt und ihren Eigentümlichkeiten bekannt zu machen, da sein Auge noch durch andere Dinge nicht in Anspruch genommen wird. Mich zog vor allem der eingangs gedachte Glückshafen und die Szenerie an, die zunächst in seinem Umkreis vorfielen. Hier steht, schwankend und unentschlossen, die ehrbare Miene der Überlegung im naiven Gesichtchen, ein niedliches Dienstmädchen, und schüttelt nicht ohne Mühe aus dem kleinen Beutel, der für seinen Inhalt noch viel zu groß ist, einen Sechser hervor, noch einmal wiegt sie ihn in der Hand; ein lüsterner Blick zur Kuchenbude oder zur nächsten Bierwirtschaft hinüber; aber nein, die bunten Glaskorallen, die Spiegel und die Spangen sind doch gar zu schön, und warum sollte denn sie, gerade sie, kein Glück haben? Schnell tritt sie heran, hastig ergreift sie ein Los, und traurig zieht sie ab, während in demselben Augenblick ein lustiger Student laut lachend die beneidenswerteste Perlenschnur, die er gewonnen, um den Finger wickelt und sie dann dem ersten schönen Kind, das ihm begegnet, gleichgültig zuwirft.

[1836]

Benno Rauchenegger
Oktoberfestsonntag anno 51

Ein Uhr schlugs vom Petersturm herunter, als der Prichler Huber seinen Laden unter den finstern Bögen am Schrannenplatz in ungewohnter Eile zuschloß und die dicken Eisenstangen vor die Türe legte. Schneller als sonst kletterte er die drei Stiegen zu seiner Wohnung hinauf, allwo ihn schon ein reisefertiges Häuflein seiner Familienmitglieder erwartete. Mit einem vierstimmigen Freudengeschrei empfing ihn seine Nachkommenschaft: der Xaverl, der Pepperl, die Marie und die Resi, wovon das Älteste zehn, das Jüngste, der Pepperl, fünf Jahre zählte. Die Kinder waren bereits sonntäglich herausgeputzt; die Mädchen hatten helle Sommerkleider an, die Buben paradierten in weißen Hosen; Pepperls Hose war vorsichtshalber noch nicht ganz geschlossen, weshalb ihm auch, sein jugendliches Alter kennzeichnend, hinten immer wieder das »Lampl« herausguckte. »Vata, genga ma auf d' Wiesen?« fragte der Xaverl. »Natürli! Wohin denn sonst?« – »Is d' Muatta no net firti?« erwiderte Huber. »Da bin i scho«, ließ sich nun Mutter Huber vernehmen, indem sie aus dem Nebenzimmer trat, wo sie Toilette gemacht hatte. Ihr lockengeschmücktes Haupt zierte eine goldene Riegelhaube; eine zwölffache silberne Halskette mit edelsteinbesetzter goldener Schließe verschönte ihren schlohweißen Hals, ein leichter, geblumter Sommerschal lag auf den runden Schultern; die mollige Gestalt verhüllte ein blaues Stoffkleid, das wiederum ein seidener Schurz deckte. Der Herr des Hauses schlüpfte schnell in seinen Hochzeitsrock, der nur alle heiligen Zeiten angelegt wurde, dann stülpte er den Zylinderhut auf das Haupt,

nahm den Rohrstock zur Hand und kommandierte: »Also, marsch!« »Halt!« rief die besorgte Hausfrau, »hab'n wir nix'n net vergess'n? Hast an Kas eing'steckt? Marie, du nimmst den Zegara mit, da kemma die zwoa Grosch'n-weck'n eine und 's Salz und die zwoa Radi. Vata, gieb mir den Kas; den tua i in Ridakül eine, du setzst di sonst wieder drauf, wia neuligsmal am Schützinger Keller!« Der Gatte lieferte den seinen Ladenbeständen entnommenen Käse aus und nun wurde der Proviant verpackt – die Kolonne setzte sich in Bewegung. »So, jetzt paßts auf!« mahnte Vater Huber, »die Marie führt 'n Pepperl, der Xaverl geht mit der Resl und gebts Obacht, daß ma uns net valier'n bei dera Menge Mensch'n. Mir genga glei durch d' Ros'ngass'n die Sendlingergass'n naus – also vorwärts!«

Gar bald hatte sich die Familie dem Menschenstrom eingefügt, der zur »Wies'n« hinaus eilte. Nicht bloß auf dem Fußsteig, sondern auch die Fahrbahn entlang, soweit es die links und rechts aufgestellten ländlichen Fuhrwerke gestatteten, zogen die Hunderte und abermals Hunderte dahin, drängend, stoßend, hühneraugenquetschend; die Städter verschwanden förmlich in den Wogen der Landbevölkerung, die kerzengerade ohne Wanken und Weichen dem Ziele zustrebte. Dann und wann durchschnitt ein Fiaker oder ein Waglbesitzer das ameisenhafte Gewimmel; dann regnete es Artigkeiten hin und her, aber das verursachte keinen Aufenthalt der Wiesenbesucher. Unsere Familie Huber hatte kaum das Sendlingertor hinter sich, als schon der erste Kanonenschuß von der Wiese her dröhnte.

»Jetzt fahr'ns in der Residenz ab!« bemerkte Huber. Bum! folgte der zweite Schuß! »Dös war g'wiß mei Bruada, da Bankmetzga bei der Bürgerattollerie«, sagte die Gattin recht laut, damit es die Nebenleute auch hören sollten. »Geh, was schwätzst denn du daher!« erwiderte Huber, »warum sollt denn dös grad da Schwaga g'wes'n sein?« »Weil er Bumbadär bei der Batt'rie is, die wo heut ausruck'n hatt müass'n, G'scheiderl!« entgegnete sie triumphierend. Sie bewegten sich sorgsam weiter, als plötzlich von rückwärts her ein dumpfes Brausen erscholl, welches allmählich zu einem mächtigen Geschrei wurde. »Jetzt kimmt er!« – »Wer?« – »Da Kini kimmt! Da siecht ma schon an Vorreiter! Ah!!« – »Paßts auf, Kinder, bleibts steh'n!« mahnte Huber, »jetzt kommt der Kini und Königin und die Prinz'n – da sans scho auch! Schreits: Hoch, hoch, hoch!« – »Kinnas net aufpassen, Sö Lackl!?« erscholl plötzlich eine Stimme neben Huber. »Was Lackl? Wer Lackl??« versetzte entrüstet Huber und faßte den Stock fester an. »Sö hab i g'moant! Sö hab'n mir eanan Schabasdeckl grad in d' Aug'n neig'haut, daß mir's Wasser no rauslauft!« ließ sich der Mann aus dem Volke vernehmen. »Da kann i nix dafür, da is da Kini dro schuld! Überhaupts braucha Sie mi deszweg'n no koan Lackl net z' hoaßa, Sie Aff, Sie!« – »Jessas, Vata, i bitt di, laß'n geh'n; er hat's ja net so bös g'moant«, jammerte angstvoll die brave Gattin, und die Kinder drängten sich erschrocken um ihre Mutter – da kam glücklicherweise eine ungeheure Menschenwoge und schwemmte den gefährlichen Widersacher hinweg. »Gott sei Dank! Fort is er«, sagte Frau Huber. »Dös is sei Glück«, renommierte ihr Gatte, »den hätt' i z'riss'n, wia an Haring!«

Endlich landeten sie in der Wiese und dort war es wieder möglich, seine eigenen Wege zu gehen. Da stand sie, die kleine Budenstadt – gewiß ein Dutzend hölzerne Hütten, in denen das gute Bier verzapft wurde vom Pschorr, vom

Hacker, vom Maderbräu, vom Menterbräu, vom Duschl, vom Augustiner, vom Zenger und vom Zacherl, auch Tölzer Bier war vertreten. Vor den Buden waren lange Tische mit ebenso langen Bänken aus roh gezimmerten Brettern hergestellt; die Bänke waren nicht zu hoch, daß man ordentlich aus- und einsteigen konnte; man mußte nur Vorsicht walten lassen; besonders galt dies für die weiblichen Gäste, welche damals noch etwas »luftig« kostümiert waren, denn hie und da standen doch Nägel auf den Sitzen vor oder es trennten sich »Schiefer« von den ungehobelten Brettern. – –

Die Huberischen marschierten fröhlich ein, da kamen sie schon an das erste Hindernis, – ein Weib war's, welches hinter einem länglichen Faßl stand und ihre Ware feilbot. Fast unisono riefen die vier Kinder: »Bitt schön, Muatta, kauf uns Zweschb'n!« »Was? Zweschb'n? Fallt enk sonst nix ei«, erwiderte Huber, »wo mir doch a Bier trink'n!« – »Ah, was!« sagte die gute Mutter darauf, »du vergunnst den Kindern scho gar nix! Wia viel kriagt ma denn um an Kreiza, Frau?« Dabei holte sie aus dem Faßl eine Zwetschge hervor und schob sie in den Mund, um eine Kostprobe vorzunehmen. »Vierz'ge, gib i Frau!« lautete die Antwort. »Was? Auf'n Markt kost's Hundert a Landmünz!« wandte Frau Huber ein. »Ja, was moanens denn, Frau, da heraußen?« belehrte sie die Verkäuferin, »hat da Vizi vom Stieflwirt scho an Zwölfa fürs Rausbringa von die zwoa Banzln valangt!« – »No – meintweg'n, geb'ns halt um an Kreiza her – aber a Stucka viere müass'ns do dreigeb'n!« meinte Frau Huber. Der Handel kam zustande und das Obst wurde verteilt; der Pepperl hat aber wegen dem drohenden Bauchweh nur sechs bekommen, die andern hat die Mutter aufg'hoben – in ihrem Magerl natürlich. Gleich darauf kamen sie an einem Küchlbäcker vorbei und da zeigte sich Vater Huber nobel, indem er drei Stück à 1 Kreuzer kaufte, die halbiert und gemeinsam verzehrt wurden. Nun hieß es eilen, um das Preisvieh noch zu sehen, denn schon wurden die Pferde vorgeführt. »Noblichte Rösser«, bemerkte Huber, »lauter Rottaler, die verstehnas halt! Jetzt kemma die Rindviecher!« »Was hast g'sagt?« brüllte ihn ein Dachauer Landsmann an. »I hab ja net di g'moant«, gab Huber zur Antwort, »i hab ja g'sagt, die Rindviech*er*, mach daß d' weiter kimmst, sonst sag ich's glei an Schandarm; nachher werst verarretiert wegen nächtlicher Ruhestörung!« Der erschreckte Gegner drückte sich, und die Familie bewunderte die Stiere, Kühe und Ochsen. Besonders die Mastochsen erregten das Mitgefühl Hubers in hohem Grade. »Dös Filö!« seufzte er. »Freili – 's Pfund kostat da g'wiß 18 Kreizer – da bleibt dir der Schnabl sauber«, erwiderte sie. Nun gab es noch Schafe mit dichter Wolle, Ziegenböcke mit vier Hörnern und Zuchtschweine samt den Ferkeln zu sehen, welch letztere wieder den Kannibalismus Hubers wachriefen.

»Spofackln! Spofackln! Was kost jetzt a Spofackl, Alte?« fragte Huber. »O mei, laß dir so was trauma, so a Sau, wenns a bißl oane is, kost allweil seine 36 bis 42 Kreizer – in Dachau kann sei, daß ma's no um an Vierazwanzga kriagt«, entgegnete die brave Hausfrau, »es is ja nix mehr zum dakaufa bei der Teuerung.« Bum! Bum! Bum! machte der Herr Schwager auf der Theresienhöhe. »'s Rennats!« schrie man von allen Seiten, und wie ein wilder Bienenschwarm rannten die Leute untereinander, um etwas zu sehen. Vierzig Rennpferde, gesteuert von Rennbuben im verschiedensten Alter, durchrasten die von den Rennmeistern vorgerittene Bahn. Zwischenfälle aller Art erhöhten die Teilnahme der Zuschauer. Da ist einer »ausg'sprengt« und hat ein halbes Dutzend Leute über'n Haufen geritten – dort ist ein Bub runterg'fallen – vor'm Ziel haben sich zwei nebeneinander jagende Rennbuben die Reitgerten um die Ohren g'haut – endlich ist die Gaudi gar – die Rennpferdbesitzer holen sich ihre Fahnen und Preise, die Buben und Gäule hinken zerschunden und blutend dem Marodestall zu. Ein tausendstimmiges Hoch zeigt die Heimfahrt des Hofes an, und nun ist Huber nicht mehr zu halten. Im Eilmarsch geht's zur Augustinerbude, wo gerade noch für Vater und Mutter Platz auf einer Bank ist; die Kinder dürfen beim Tanzen und Kegelschieben zuschauen, sollen sich aber von Zeit zu Zeit melden, um die guten Eltern zu beruhigen. Frau Huber jammert über den Bierpreis. »Die Maß Bier an Sechser; daß si die Bräuer net Sünden fürchten, dös is ja doch aus!« – »Ja, ja«, sagt er gut gelaunt, »jetzt is die dritte Maß auch aus – i hol no an Schapfa!« Während er an der Schenke um die vierte Maß kämpft, kommen die vier Sprößlinge hergerannt. »Mutter«, schreit der Xaverl, »da schau her, der Pepperl hat was g'fund'n – an Nummero vom Glückshafen!« Die Mutter ist freudigst überrascht und macht dem Gatten sofort nach seiner Wiederkehr Mitteilung. »Ma siecht's halt«, sagt sie, »daß die unschuldig'n Kinder a Glück hab'n; der Pepperl der muß uns glei morgen in der Kollekte in der Sendlingergassen fünf Nummero außaziag'n; vier Kreiza hetz i dro, wer woaß?« – Huber ließ sich die Nummer zeigen: 136. »Wo habt's es g'funden?« fragte er. »Am Seid'nhafa?« lautete die Antwort. »Also, da müaßt's es wieda hintrag'n und abgeb'n, aba g'scheidter is, d'Mutter geht mit enk!« Mutter Huber machte sich sogleich auf den Weg. Als sie aber beim »Seidenhafa« – Verlosung des Seidenzuchtvereins – anlangte, sah sie die schönen Sachen und sie besann sich, wie sie über die Gewissensmahnung hinüberkommen könne. Kurz entschlossen nahm sie um 6 Kreuzer ein Los, und richtig war's ein Hanswurstel. Hocherfreut rief sie aus: »Kinder, jetzt hab i auch a Nummer«, eilte zur Abgabe der Gewinste, präsentierte die Nummer 136 und erhielt einen prächtigen Seidenschurz. Der ehrliche Gatte nahm die Mitteilung vom Gewinst sehr mißtrauisch entgegen, als aber sämtliche Kinder die Tatsache der Losentnahme bestätigten, freute er sich mit der Gattin und trank auf den billigen Schurz noch eine Maß. Die anbrechende Dämmerung machte dem Leben auf der Wiese ein jähes Ende. Aber man war befriedigt, der Vater hatte einen prächtigen Schwips, Mutter einen seidenen Schurz, der Pepperl das Bauchweh.

Aber schön war's halt doch! [1851]

Anonym
Das Oktoberfest 1872

Auf der Theresienwiese, die sich hart vor den Thoren Münchens auf dem breiten rechten Isarufergelände ausbreitet, und auf der die monumentale Kolossalstatue der Bavaria gleichsam segnend herabschaut, erstehen einige Gassen von Zelten und Buden um eine Tribüne herum, welche als Standort für den König, die königliche Familie, den Hof, und die obersten Staatsbehörden errichtet ist. Zur bestimmten Stunde erscheint der König mit seinem Gefolge, besichtigt die vorübergeführten, preisgekrönten Zuchthiere, und wohnt dann von seinem Zelte aus dem Wettrennen einer Anzahl Pferde von innländischer Zucht bei, welches auf dem weiten Plan der Theresienwiese stattfindet.

Sind die Rennpreise an den Sieger ausgetheilt, so ist das offizielle Programm für diesen Tag erschöpft, und das Volksleben beginnt in großer Ungezwungenheit und Behäbigkeit.

Tausende von Eimer Bier und Hunderttausende von Würsteln werden unter den Zelten und Buden und an den offenen Bänken oder ständlings verzehrt. Musikbanden und Drehorgeln erfüllen die Luft mit einem Chaos von Tönen, Gaukler, Bänkelsänger, Jongleurs, Seiltänzer, Kunstreiter, abgerichtete Thiere, Wachsfigurenkabinette, Puppentheater und alle anderen Arten von Sehenswürdigkeiten suchen die Schaulust der Menge zu fesseln. Sonntags und Montags ist das Gewurrl am größten. Jeder Tag hat sein eigenes Programm, Scheibenschießen, Volkstänze, Sacklaufen usw. Am Donnerstag findet ein zweites Wettrennen statt. Der echte Münchner kann es nicht über sich gewinnen, auch nur einen Tag des Oktoberfestes ganz zu verlieren. Er muß wenigstens einige Stunden draußen gewesen sein. Dem Künstler aber und dem Sittenforscher bietet das Oktoberfest eine unerschöpfliche Ausbeute.

[1872]

Rainer Maria Rilke
Jahrmarkt

Das war in München beim Oktoberfeste,
da die Theresienwiese voll vom Schrein
und Schwall der Schauer ist. Da bunte Gäste
aus der Provinz der Kunst der Rindermäste
verständnisvoll ein Mundvoll Worte leihn.
Die kleinen Mädchen, flüchtig ihrem Neste,
durchschwirren keck den lauten Tag zu zwein,
und Bursche mit der bunten Lodenweste
und ziere Stadtherrn bengeln hinterdrein.
Dazwischen drängen Wagen und betreßte
urdumme Kutscher, blinzelnde Lakein,
Fuhrleute dann, die ihre längstgenäßte
gepichte Kehle tüchtig spülen. Kein
Verdroßner stört, und allen schiens das Beste,
daß man sich prall und gar so prächtig preßte
durch diese bauernbunten Budenreihn.
Bier gabs und Wein in Strömen allerorten,
und viel Verständge prüften dran; es ließ
die Blume gelten der und der die Borten.
Marktschreier prahlten an den Bretterpforten
und priesen ihre Wunder weit mit Worten,
als wären sie mit Noah und Konsorten
zurückgekehrt ins echte Paradies. –
An kleinern Ständen bot man Trauben, Torten
und Würste aus; geduldige Hühner schmorten
sich einen goldnen Panzer an am Spieß.
Und drüben stand bewehrt ein schwarzer Tell,
ein Wilder, und vergaß das Schreienmüssen

vor lauter Gieren nach den Kokosnüssen.
Da schob ein Zwerg, ein drolliger Gesell,
mit Grinsemiene sich vorüber, schnell
war dort die ganze Menge hingerissen
zur Wellenschaukel und zum Karussell.
Und wo sie eine rote Fahne hissen,
dort reißt auf grellverhangenem Gestell
dummdreiste Witze der Polichinell.
Die große Trommel hat er durchgeschlissen
und trommelt jetzt trotz tausend Hindernissen
mit seinem unverschämten wilden Wissen
dem lieben Publikum das Trommelfell.

Laut lachend ließ gefallen sichs ein jeder.

Auch ich ging ziellos durch das Weggeäder
und blinzte müßig in das volle Licht,
und manchmal fuhr ich wie so mancher Wicht
der Schönen, die just kam, ins Angesicht
mit meiner kühnen, kecken Pfauenfeder.
Und hinterher konnt' noch ein Silberkichern
von blütenfrischen Lippen mir versichern:
die liebe Kleine grollte nicht. –
Dann gabs ein Ängsten, wenn wo Fässerfuhren
mit plumpen Pferden furchten wegentlang:
Die Menge drängte in die Räderspuren,
da schrie ein Kind, ein Bursche sang, da sprang
ein Mädel, dem entfernter Walzertouren
ersehnter Zauber in die Beine drang.
Und was nur immer klingen konnte, klang,
vom Waldhornsolo bis zum Bumerang

dort vor den Buden mit den Wachsfiguren.
Wie ich mich so durch das Getümmel wand,
da stand ich plötzlich an der Wiese Rand
vor einer Bude. Überm Eingang stand
in kargen Lettern zaghaft und bescheiden:
›Das Leben Jesu Christi und sein Leiden.‹
Und – ich weiß nicht warum, ich trat hinein.
Schon hielt ich in der Hand den blauen Schein,
der für zehn Pfennig Einlaß mir gewährte.
Ich fragte mich, was den Besitzer nährte;
denn in der Bude war ich ganz allein.

[1896]

Ernst Hoferichter
Erst wurde ich öffentlich geköpft und dann eingesperrt

Seit sechs Jahrzehnten hat sich auf dem Allerweltsoktoberfest viel verändert. Manch Schönes und Echtes ist völlig verschwunden. Aber viel Urwüchsiges blieb erhalten. Damals, vor 60 Jahren, gingen die Münchner zu Fuß auf die Wies'n. Es gab noch wenig Automobile, und nur ein paar Pferdebahnen durchfuhren die Stadt. Wenn der Südwestwind wehte, konnten feine Nasen schon am Sendlinger-Tor-Platz jenen einmaligen Wies'ngeruch verspüren, den es auf der Welt sonst nirgends gibt. Ja, sehr Empfindsame vermochten sogar den Duft des Steckerlfisches vom gebratenen Hendl mit Sicherheit zu unterscheiden ...

Mitten im Festplatz stand man schon vor schlammigen Seen. Der klebrige Baaz lag auch noch Tage nach dem Regen in den Budengassen. Ich ging barfuß, und es war eine Lust durch die Sümpfe zu waten. Aber die feinen Damen mit ihren Stöcklschuhen versanken bis über die Knöchel in diesem G'wasch. Und wenn es dazu auch noch dunkel wurde, dann begann ein echt münchnerisches Fluchen und Schimpfen. Denn in den Buden und Ständen brannten nur Öllampen, die ihren armen Schein nicht auf diese Pfützen warfen.

Im Karussell strahlende Lichter

Elektrisch beleuchtet waren nur die Bierbuden, Haases Stufenbahn und Rierls Kinematographen-Theater. Was draußen fehlte, das gab es in dieser Stufenbahn in Überfülle. Hunderte von knallfarbigen Glühbirnen fuhren gegeneinander Karussell. Ein Riesenorchestrion hämmerte Walzer, Rheinländer und »Frahsäh«. Und auf hölzernen Rössern, Schwänen, Elefanten und Kamelen ritt die vornehme Welt. Da allein schon der Eintritt in dieses Zelt zwanzig Pfennig kostete, sah man nur Leutnants, Korpsstudenten, Hausbesitzer, Kellnerinnen vom Café Luitpold und lustige Witwen als Reitgäste.

Das erste Kino meines Lebens

Lange stand ich immer vor »Rierls Kinematographen-Theater«. Eine Dampfmaschine lieferte den Strom. Am Musikkasten tanzten Rokokodamen. Jede Vorstellung bot fünf Filmszenen von je drei Minuten Dauer. Nur das kolorierte Drama »Die Ostereier« lief zehn Minuten lang und kostete 20 Pfennig Entree: »Wegen Überlänge des Films.« Ansonsten mußten für einen Sitzplatz nur zehn Pfennig bezahlt werden. Dafür aber sah man gestellte Szenen aus dem »Burenkrieg«, einen Kavalier im Frack – der in einen Kübel mit weißer Farbe fiel, oder einen Kaminkehrer, der eine Büfettdame küßt. Ja, das war schon eine sonnige Jugend: So im Dunkeln die Weltgeschichte aufflimmern zu sehen und dazu für fünf Pfennig türkischen Honig zu verspeisen ...!

Weil das alles so schön war, ging ich jeden Nachmittag nach der Schule auf die Wies'n. Dort setzte ich mich auf meinen Schulranzen in die Nähe des Kasperltheaters. Und während ich als Hausaufgabe die Nebenflüsse links und rechts der Donau auswendig lernte, hörte ich mit, wie das brave Krokodil den bösen Teufel auffraß...

Der billige Familienausflug

Eines Tages wurde ich von meinem sparsamen Onkel Benno und Tante Babett zu einem Wies'nnachmittag eingeladen. Er besaß ein Mietshaus und Freude an der Natur. Und alles, was an diesem Tag geschah, habe ich so ungefähr in meinem Gedächtnis aufbewahrt.

Ein seidig blauer Föhnhimmel überwölbte den Festplatz. Zuerst kaufte mir die Tante ein Packerl Honigkuchen. »Dafür mußt du dich aber aa' dankbar zeig'n und guate Not'n hoambringa!« sprach sie. Dabei zog sie ihren Mund, der einer Nelke glich, noch mehr zusammen – aus Angst, ein Blatt davon verlieren zu können.

Schon waren wir vor der Völkerschau »Menschenfresser aus Papua«. Zum Anreiz standen einige Kannibalen, reich geschmückt mit Muschelketten, silbernen Spangen und goldenen Armringen, vor der Kasse. »Schau, Onkel, dö müssen aber reich sei'...!« Und der Onkel erwiderte gedankenlos: »Ja, ja ... schaug nur, daß d' was lernst, dann kannst aa amal a solcher Wilder wer'n ...« Gegenüber kam Gebrüll aus einer Menagerie. Peitschen knallten, und aus dem Inneren des Zeltes hörte man das Fauchen der Bestien. »Du, Onkel, so ein'n Tiger hätt' i gern amal g'sehn ...« Aber da erwiderte sogleich der Onkel: »Paß auf ...! A Katz kennst doch, net wahr ... und wennst jetzt so a Viech mit hundert multiplizierst, dann hast an Tiger vor dir – und zwanzig Pfennig Eintritt san erspart –« Die Tante nickte zustimmend, und auf ihrem Kapotthut wiegten sich dazu die künstlichen Veilchen. Ums Eck herum las ich laut: »Kapitän Cook mit seinen zwölf dressierten Eisbären ...!« Sogleich sprach der Onkel: »... Also, da hast du wieder dö selbe G'schicht, – wennst in unser Schlafzimmer schaugst, dann siegst vor unserm Bett so an Bär'n lieg'n ...« »Ja, aber lebend sind diese Tiere doch viel schöner ...« wagte ich zu bemerken. Und der Onkel: »Was hoaßt da lebend ...? Mei Eisbär vorm Bett war aa amal lebendig ... und dö da drin im Zelt werd'n z'letzt aa a Bettvorlag ... Das is g'hupft wia g'sprunga ...!«

Um mich von aller Wildnis abzulenken, zog mich die Tante am Ärmel vor einen Stand mit Steckerlfischen. Das war ein Duft, ein Brotzeln ...! Immer wieder wurden die Fische am offenen Feuer mit ausgelassener Butter übergossen. Und so lief mir das Wasser im Mund zusammen, daß ich beinahe davon ersoffen wäre. »Ja, Bua, schnauf nur den G'ruch tief ein und aus ...! Denn beim Riacha brauchst net auf d'Gräten obachtgeb'n ...!« sagte wohlmeinend der Onkel. Und die Tante setzte vorsorglich dazu: »Erst vor a paar Tag is a Kommerzienrat an solche Gräten dastickt ...«

Während ich über die Fürsorge meiner Verwandten nachdachte, näherten wir uns den Bierbuden. Auf dem Weg durfte ich, quasi als Vorspeise, drei Gummischlangen, ein Fünftel Magenbrot und ein Stück »Bärendreck« verspeisen.

Und dann saßen wir zwischen Föhren und Fahnen vor der »Ochsenbraterei«. Während aus der Bude Musik und Gesang ertönte: »Geht's und verkaft's mei G'wand – i bin im Himmi«, packte die Tante aus ihrem Ridikül vier Regensburger, ein viertel Pfund Blasenwurst und ein Haferl mit Kartoffelsalat aus. Um das Trinkgeld zu sparen, holte sich der Onkel die frische Maß selbst an der Schänke.

»So, jetzt iß und trink, daß d'amal a schöne Erinnerung an d'Wies'n und an deine Verwandt'n hast, wenn ma nimmer leb'n ...!« Ich aß und trank, bis ich im Magen spürte, wie sich die giftgrünen Gummischlangen zwischen den Kartoffelsalat schlängelten. Und ausgerechnet das Magenbrot war es, das nicht im Magen bleiben wollte und nach oben drängte. – – »Ich glaub' – mir wird's schlecht ...«, sprach ich kleinlaut. Sogleich stieg dem Onkel eine Röte ins Gesicht: »So – jetzt brauchst di' nur noch schbeib'n, dann is dös der Dank, daß mir di' – –« Und die Tante setzte erregt hinzu: »Und mir is jetzt die ganze Freid an der Wies'n verdorben ... Aber Undank war scho immer der Welt Lohn ...«

Auf dem Heimweg meinte der Onkel abschließend: »Mich derbarmt nur das schöne Göid, des ma für den Saubuam ausgeb'n hab'n ...« Und die Tante erwiderte: »Da laßt einfach in unserm Haus die Abortfenster net streicha, dann hamma's wieder herin. – –«

Am schönsten war das Oktoberfest, wenn ich ganz allein durch die Schaubuden lief und mich über all das Verzaubern wundern konnte. So schien es mir unerklärlich, daß »Die Dame ohne Unterleib« während einer Pause vorm grünen Wagen ihre »nasse Kindswäsche« zum Trocknen aufhing. Eines Nachmittags stand ich lange vor Papa Schichtls Zauber- und Feentheater. Seine rauhe Baßstimme verkündete: »Heut': großes Familienprogramm – Hinrichtung einer lebenden Person durch das Fallbeil ...!« Ich drängte mich in die vorderste Reihe und hörte weiter: »Jedermann, auch Jugendliche vom Feldwebel abwärts können hier gratis geköpft werden ...!« Da sich keine Erwachsenen meldeten, packte mich Schichtl beim Kragen: »Du Kloaner, wie waar's mit dir ...?«

Aus Freude, endlich einmal im Leben ein Auserwählter zu sein, nickte ich ihm zu – und schon schob er mich ins Innere der Bude. Und auf ging's beim Schichtl! Hinter einer Seitenkulisse mußte ich warten, bis die Vorstellung begann. Ich zitterte und schwitzte zugleich. Mit leerem Blick sah ich auf ein halbnacktes Fräulein, das mit einer Riesenschlange zu tanzen begann –, wie aus Schichtls Zylinder mehrere Tauben flogen und ein Zwerg aus der Kanone in den Zuschauerraum geschossen wurde ... Und dann ging alles so schnell, daß mir Hören und Sehen verging. Eine lebensgroße Guillotine wurde auf die offene Bühne gezogen. Zwei vermummte Gugelmänner zerrten mich auf die Köpfmaschine. Die Kapelle spielte einen Trauermarsch, und Schichtl rief: »Aborkaaka, Pertikoperlako ...!« – – Ich hörte das Beil herabfallen ... Und nach einer gestockten Pause erschrak ich sonderbarerweise gerade daran –, daß ich noch am Leben war.

Schichtl zeigte dem verehrten Publikum ein blutendes Haupt – und ich hatte plötzlich das Gefühl, daß ich nun zwei Köpfe besaß, nämlich diesen Kalbskopf und dazu meinen eigenen. Mit nochmaligem »Perlikoperlako!« warf der Zaubermeister den Tierkopf in die Guillotine – und mit schlotternden Knien, aber doch wie neugeboren, verließ ich die Richtstätte. Von dem johlenden Applaus aber bezog ich die Hälfte auf mich – und meinen Kopf.

Es vergingen zwei Tage. Während der Geschichtsstunde erzählte der Professor gerade den Einzug Ludwig des Bayern durchs Isartor ... da trat der Pedell ins Klaßzimmer: »Schüler Hoferichter sofort zum Herrn Rektor!« Ein neidischer Mitschüler hatte mich verpfiffen, daß ich mich – – – Aber da stand ich schon vor dem Rektor, dessen Vollbart sich vor Erregung zu kräuseln schien: »Junger Mann, du hast dich ohne Erlaubnis der Schulbehörde vorgestern auf der Festwiese guillotinieren lassen ...!« »Entschuldigen Herr Rektor, da war ja noch ein zweiter Kopf, den der Schichtl – –« »Keine Ausreden! Es ist häßlich, die Schuld auf ein anderes Haupt zu laden, wenn man selbst seinen Kopf ...«

Mit zwei Stunden Arrest verließ ich das Rektorat. Und während dieser Zeit dachte ich nur an die Wies'n, wo vielleicht gerade ein anderer Glücklicher statt meiner geköpft wird ...

[1906]

Oskar Maria Graf
Die wunderbare Isis

Wenn ich zurückdenke an das Oktoberfest von 1908, wo ich mit meinem um zwei Jahre älteren Bruder Lenz hinein hab dürfen, da geht mir direkt heute noch das Gesicht aus dem Leim.

Damals hat jeder von uns sechs Mark von daheim mitgekriegt, und los sind wir gefahren, hinein nach München. Eigentlich sollten wir zu unseren Verwandten drinnen gegangen sein, damit uns nichts passiert, aber, haben wir uns gesagt, nein, das machen wir nicht, nicht um Venedig. Die lassen uns ja doch nicht das machen, was wir mögen, ja, mitlaufen können wir und müssen immer bloß folgen, wenn es uns nicht paßt.

Am Starnberger Bahnhof sind wir ausgestiegen, haben herumgefragt, und schließlich sind wir auch ganz richtig auf die Festwiese gekommen. Zu allererst haben wir Bratwürstl gegessen. Mein Bruder Lenz aber war schon da recht ekelhaft. Er hat das Geld gehabt und hat sechs Paar gegessen, mir aber hat er bloß zwei Paar essen lassen. Gesagt hat er: »Du bischt aa no a Rotzlöffi und übahaaps, i muaß di ja aa füahrn wie a kloans Kind. Alloa tat i mi vui bessa untahoitn ...«

»Brauchst ja it geh mit mir, wenn's dir it gfoit«, habe ich vorlaut gesagt. »Gib mir nu mei Geld, nacha geh i alloa ... I verlaaf mi it!«

Mein Bruder hat mich recht minder angeschaut und hat gespöttelt: »Ha, du! ... Wenn i di laafa lossert, kriagert i dahoam an Krach ... Dös is doch oiwai scho a so gwen: A dö Aelteren geht ois naus ...«

So ging die Reiberei an.

»I mog nimma! I hob grad sovui Geld mitkriagt wia du! Wennst ma's it glei gibst, mog i ganz einfach nimma!« habe ich wiederum zu benzen angefangen, aber der Lenz ist auf einmal grob geworden und gesagt hat er, das geht mich gar nichts an, er muß auf mich aufpassen, und wenn ich ihm nicht folg, läßt er mich einfach ohne Geld stehen, dann kann ich allein in die Hosen scheißen. Er ist viel größer gewesen wie ich, und da hab ich so halbwegs zu winseln angefangen. Das war ihm, scheint's, auch nicht recht. Er hat gesagt, ich soll nicht so ungemütlich sein und hat mir einen Steckerlfisch gekauft, das heißt, er hat mir bloß ein bißl was davon gegeben und das meiste hat er gegessen, mir hat er alsdann die zwei Brezen gegeben. Ich habe da richtig gesehen, wie man einen schwachen Menschen schikaniert, und eine solche Wut auf den Lenz insgeheim gehabt, daß ich ihn mit lachendem Gesicht abmurksen hätte können.

Jetzt aber, wo ich gerade so gedacht habe, hat es vor uns gewaltig geläutet, und wie wir aufgeschaut haben, ist es eine Bude gewesen, wo auf dem Podium ein Mann mit einem Smoking gestanden ist. Der hat die Glocke in einem fort geläutet. Neben ihm ist ein riesiger Neger gestanden und eine weiß verhüllte Dame, auf die wo der Smokingmensch immer gedeutet hat. Er hat endlich zu läuten aufgehört und hat geschrien: »Hereinspaziert, meine Herrschaften! Beste und billigste Gelegenheit! Sehen Sie sich die Wunder der Welt an! Hier Bimbo, der stärkste Mann der Welt, läßt zwanzig Zentner auf seine nackte Brust legen und stemmt sie elegant in die Höhe! Sie sehen das nur bei uns und nur einmal in Ihrem Leben! Die Gelegenheit kehrt nie wieder! Der Urwaldriese! Das Phänomenalste an Kraft, jongliert mit Vierzentnergewichten und tanzt einen echten Urwaldtanz. Und hier, Miß Wahago, das Rätsel aus Arabien! Sieht in die geheimsten Winkel der Menschenseele ... Hört nur auf den Namen Isis in Europa! ... In Null Komma fünf ist Isis in hypnotischen Starrkrampf versetzt und verschlingt Nadeln wie Butterbrot, läßt sich mit scharf geschliffenen Schwertern durchbohren, mit glühenden Zangen zwicken und ist vollkommen unempfindlich! Anerkannte Spezialitäten, Kapazitäten unter der Aerzteschaft – hier, bitte, hier das Gutachten des Professor Brown aus New York – bescheinigen das unerklärliche Wunder. Isis zeigt Ihnen ihren blütenweißen Leib vor und nach der Hypnose. Aber das ist nicht alles, das ist nur eine Winzigkeit, Herrschaften! Miß Wahago alias Isis ist das Phänomenalste an Hellseherei und Gedankenlesen! Wollen Sie Ihr Schicksal im voraus wissen, Herrschaften? Haben Sie ein Geschäft, unbekannte Feinde und Konkurrenten? Haben Sie Pech gehabt in einer Sache? Sind Sie verliebt und zweifeln an der Treue Ihres Schätzchens? Droht Ihnen von irgendwoher Gefahr? Wollen Sie gewarnt sein, wollen Sie dieser Gefahr rechtzeitig ausweichen? Kommen Sie, Herrschaften! Isis, die Unbestechliche, die Wunderbare, weiß alles! Sie denkt für Sie, sie sieht in Ihre fernste Zukunft, beschützt Sie und bringt Ihnen Glück! ... Und was kostet Ihnen das alles? Ein Vermögen? Nein! Nicht einen Wochenlohn kostet das, nicht zehn Mark, nicht fünf, nicht drei, ja nicht einmal eine Mark kostet Ihnen diese überaus nützliche Sache, nein! Kopf für Kopf zahlt zehn Pfennige mal fünf – das sind fünfzig Pfennig! Für fünfzig Pfennig verscheucht Ihnen Isis alle Sorgen, Herrschaften! Hereinspaziert! Kommen Sie, junge Herren, junge Damen! Die Vorstellung beginnt sofort, es sind nur noch wenige Plätze frei, hereinspaziert!« Ein dikker Trubel hat sich auf das Podium gedrängt und hat gedrückt und geschoben wie bei einem Brand. »Wart a weni, i kimm glei wieda!« habe ich den Lenz gehört und – sst – ist er weg gewesen, alsdann habe ich ihn noch einmal kurz auf dem Podium auftauchen sehen und er ist hinter der Zeltwand der Bude verschwunden. Der Herr in seinem Smoking hat wiederum zu läuten angefangen und noch eine gute Viertelstunde seine Sprüche gemacht. In mir hat eine fürchterliche Wut gekocht wegen dem Lenz, stehen bin ich geblieben und hab mich bloß in einem fort gegrämt, weil ich kein Geld gehabt habe und warten habe müssen. Und wie ich also so in meiner Grimmigkeit nachsinniere, da ist mir auf einmal ein Licht aufgegangen. »Droht Ihnen Gefahr und wollen Sie derselben ausweichen!« ist mir eingefallen. Aha, drum! sag ich mir. Der Lenz hat sich nämlich heimlich einen Flobertstutzen gekauft gehabt und hat schon eine ziemliche Zeit gewildert, ist halbwegs aufgekommen, der Gendarm von Starnberg ist neulich dagewesen, drum – aha, die Isis, die soll es jetzt machen, daß er keine Prügel kriegt und so weiter. Soso!

Wenn ich aber jetzt der damischen Isis einen Strich durch die Rechnung machen täte, habe ich rachgierig überlegt, wenn ich einfach alles daheim sagen täte, was nachher? Alsdann wäre auf die siebengescheite Wahrsagerin samt ihrer Kunst geschissen!

Und wenn er mich noch lang ärgert, sag ich es, ist mir durch den Kopf gefahren: Pfeilgrad verrat ich ihn, den Schuft.

Da bin ich gestanden, der Duft von den Bratwürsten und Steckerlfischen ist mir in die Nase gestiegen, und ich habe mein trockenes Trumm Brezen zerbeißen können. Da soll einer noch gemütlich bleiben. Und neben mir war ein so schöner Stand mit Kapselrevolvern und Luftpistolen, mit kleinen Kanonen und Fröschen, Himmelherrgott, wart' nur, Lenz!

Davonlaufen hab ich nicht können – nicht bloß wegen keinem Geld, nein, es ist schon oft erzählt worden, auf dem Oktoberfest haben sich Kinder verlaufen, sind unter den Zigeunern verschwunden und sogar schon verwurstelt worden. Eigentlich, wenn ich es recht sage, ich hab mir gar nichts aus dem ganzen Gewurl ringsherum gemacht, ich hab ein paarmal zum Himmel hinaufgeschaut, und da ist mir auf einmal unser Dorf und alles daheim viel schöner vorgekommen. Da hab ich mich doch wenigstens ausgekannt und hinlaufen können, wo es mir gepaßt hat.

Jetzt sind die Leute ganz dicht aus der Bude gekommen und der Lenz auch. Er ist ganz ernst gewesen und hat bloß gesagt: »Geh weita!« Aber jetzt ist mir wieder der Zorn gekommen, und ganz tollkühn habe ich angefangen: »I woaß scho, warum oisd du mi net host lossn, egglhafta Kerl, eklhafta! ... Gell, wega 'n Schandarm und wega dein'n Flobert! ... Deswegn bist d' zu dera damischn Isis eini. Host d' gmoant, i spann's it ... Aba jetz wennst mi no moi steh loßt und a so ärgerst, nacha sog i ois dahoam wega dein' Gwehr! ... Do huift d' dir dei gschissne Isis gor nix ... I sogs ganz einfach! ... Moanst i loss mir ois gfoin!« Der Lenz ist diesmal gar nicht aufsässig geworden, im Gegenteil, ganz dasig hat er zu mir gesagt: »No ja, dös hättst ja du doch it verstandn ... Und a Schwindl is's aa gwen ... Geh weita, Oskar ... Jetz loss i scho dir aa wos zuakemma ... Aba sogn derfst nix, gell! Ganz gwiß it! Geh weita!« Das hat mich auch wieder versöhnlicher gestimmt, »No«, sage ich, »glaabst i bin vielleicht a Ratschkathl! I verrot di net.« Auf das hin sind wir in die »Fischer-Vroni«-Bräuhalle hineingegangen und haben eine Maß Bier bestellt. Wie uns die Kellnerin aber die Maß hergestellt hat und wie wir zum erstenmal getrunken gehabt haben und so herumschauen – ist auf einmal unser Maßkrug weggewesen. Sagt der Lenz zu mir ganz baff: »Dös is aba komisch, do san ja Diab herinna!« Und ich hab bloß »hm« gemacht und herumgelugt, ganz mißtrauisch. Und da ist drüberm Tisch ein Mensch gehockt mit ganz glasigen Augen, der geschaut hat wie ein Stier. Der ist mir verdächtig vorgekommen, ich habe mich infolgedessen an den Lenz herangedrückt und habe gewispert: »Der do drentn, glaab i, hot ünsern Maßkruag gstoin! Ganz gwiß!« Der Lenz hat immer eine freche Schneid gehabt und sich vor nichts geforchten. Er hat den Kopf gehebt und zu dem Mannsbild da drenten einfach gradwegs gesagt: »Teanas ünsern Kruag her! Mir wissen 's scho, daß 'n Sie vo üns hobn!« Aber da hat er sich verrechnet gehabt.

»Wos?!« hat der Mensch geschrien: »Wos, du Lausa, du windiga! Wos sogst?!«

»Uensa Bier hobn S' üns gstoin, Sie Diab!« hat der Lenz ganz kritisch geschrien, und alle Leute haben schon geschaut.

»Wos? Du Rotzlöffi, du ganz koanziga! Wos, du Hundbua!« schreit da der Mann und – patsch – hat er herübergelangt und dem Lenz eine hineingehaut: »Dir wer i glei frech sei, du Lausbua, du rotziga! ... Jetz werd's guat! Solcherne Dreckbuam a scho aufmanndln und Bier saufa! Geh mir aus'n Gsicht, sog i, sünst passiert wos, du Sargnogl, du windiga! Machts daß'z weitakemmts, ös Saubuam!« Und rebellisch ist er worden und – ich habe gar nie nicht geglaubt, daß die Leute einen Dieb mögen – alle sind gleich gegen uns gewesen und haben zu schimpfen und zu drohen angefangen. Der Lenz ist blaß geworden, und ich bin vor lauter Angst unter den Tisch geschloffen, durch die Füße der Leute und auf und davon. Der Lenz ist nachher rausgekommen und hat nasse Augen gehabt, aber er hat seine Wut verbissen. Gesagt hat er, den merken wir uns, den Hundling, den verstohlenen. Seine Nase hat geblutet, und er hat sie in einem fort abgeputzt.

Da hat er mich wieder erbarmt auch, der Lenz, und gefreut habe ich mich über ihn insgeheim, weil er so ein mannhafter Mensch gewesen ist.

Ganz windelweich habe ich zu ihm gesagt: »Do fahrn ma liaba wieda hoam, Lenz, wenn do lauta solcherne Bazin herinna san.« Aber der Lenz ist gar nicht dafür gewesen.

»Mit Fleiß net! Geh weita, sauft ma a Limanad! Do konn üns koana wos macha«, hat er keck gesagt, und wie wir das getan haben, ist das Nasenbluten auch schon halbwegs rum gewesen. Der Lenz ist munterer geworden, und ganz freundlich hat er mir einen runden Lebzelten gekauft. »Haut scho!« sag ich, und in dem Augenblick wäre ich mit ihm durch dick und dünn gegangen. Wie wir von der Limonadenbude weg sind, ist uns ein freundlicher Herr direkt entgegengekommen, gelacht hat er und seine Arme hat er ausgespreizt als wie wenn er uns kennen würde und auf uns gewartet hätte.

»Die jungen Herren wollen sich gewiß photographieren lassen?« hat er herzlichst und einnehmend gefragt, gelobt hat er uns und gemeint hat er, wir sind ein sehr schönes Paar.

»Jaja, mir sind ja auch Brüda«, hat da der Lenz halbwegs auf Hochdeutsch gesagt. »Soso, Brüder ... Hm, das ist ja ganz was Schönes ... Junge Herren, ich will Ihnen eins sagen ... So eine Photographie ist ein ewiges Andenken!« sagt darauf der Herr und hat den Lenz schon am Arm gefaßt. Eins, zwei, drei, waren wir mit ihm in einem viereckigen Zeltverhang, und da ist ein wunderschönes, aus Holz geschnittenes Automobil gewesen und dahinter ist eine Kulisse mit einer sonnigen, breiten Gebirgsstraße gestanden.

»Meine Herren! So flott vor dem Automobil – ich sag Ihnen, das wird ein unvergeßliches Andenken ... Da haben Sie ewig Ihre Freud' dran!« hat der Herr uns belehrt: »Also wie meinen Sie jetzt ... Das Bild kostet eine Mark ... Sie können sofort mitnehmen ... Wieviel darf ich machen, wenn ich bitten darf ...?« Ich habe gar nichts gesagt, aber der Lenz hat schneidig gesagt: »Jaja, mir möchten jeda oans, aba zwoa verschiedene.«

»Sososo ... Japa, danke ... Also stellen sich die jungen, flotten Herrn hin, bitte ...

Gleich vor das Auto, bitte, so, ja, den rechten Arm aufs Auto gestützt, ganz leger bitte ... So, bloß einen Moment ...« Der Lenz hat seinen einen Arm auf das Auto gelegt, die andere Hand hat er in die meine gelegt, wir haben einander ganz feierlich angeschaut, und das hat der Photograph, der wo indessen einmal hinter seinen Apparat gelaufen ist, wieder sehr belobigt.

»So! So, sehr schön! Ausgezeichnet ... Bitte jetzt einen Moment so bleiben!« hat er kommandiert: »Ganz ruhig.« Wir haben uns gar nicht mehr zu schnaufen getraut, dann hat der Herr seinen Knipser gedrückt, ist wieder hinter seinem überhängten Apparat vorgekommen: »Nummero eins ist fertig.«

In dem Augenblick ist eine dickliche Frauensperson hinter dem Vorhang hervorgekommen und hat uns freundlich gegrüßt: »Guten Tag, die flotten Herren!«

»So ... hm, eine zweite Aufnahme noch!« hat der gewichtige Photograph zu der Dame gesagt. Die hat sich an uns gewendet, hat dann das Automobil weggeschoben und hat gesagt: »Die jungen Herren machen gewiß öfters Gebirgspartien, was?«

»Na, dös net ... Mir san ja vo Berg, von Becka Graf«, hat der Lenz gemeint. »Soso, also sowieso vom Gebirg? ... Na, da machen wir ein besonders hübsches Bild!« hat der Photograph gesagt, und alle zwei, er und die Dame, haben uns mehr an die bemalte Kulisse geführt. Da waren hohe Berge, und wir selber sind direkt vor dem gemalten Weg gestanden, da war ein Wegweiser: »Zur Zugspitze!«

»So, hier haben die Herren vielleicht ein paar Gebirgshüte ... Bitte!« sagt die Dame und setzt sie uns auf, diese Hüte mit großen Federn.

»Und da, die Bergstöcke! So! So, macht sich sehr schön. Und jetzt schwingen die jungen Herren vielleicht ihre Hüte ein wenig ... Ganz zwanglos, bitte ... So ... Vielleicht der kleine Herr etwas an die Seite ... So, sehn Sie ... Ah, das wird ein sehr hübsches Bild!« haben alle zwei durcheinander geredet. Mich hat der Herr ein bissl angelernt, am Lenz hat er ein wenig herumgedrückt. Wir haben an der Wand entlang geschaut und unsere Hüte steif geschwungen.

»Ruhig jetzt, den Arm nicht rühren ... Biiiiitte ... Halt, ein wenig den Mund auf, grad wie wenn Sie jodeln ... So, und lustig dreinschauen ... So, jetzt biiittteee!« haben die zwei weitergeredet, und uns sind schon die Arme ein wenig lahm und zittrig geworden, aber es war halt doch schon sehr was Schönes.

»Bitte! ... So, ruhig jetzt ... Danke! Dankeschön!« sagt der Herr hinter dem verhängten Kasten, sein Arm greift vor und knipst an einem Draht. Fertig ist die Photographierei gewesen, aber wir haben uns erst zu rühren getraut, wie die Dame kulant gesagt hat: »Die Herren können sich jetzt schon wieder bewegen«, und uns die Bergstöcke und Hüte abgenommen hat. Mit den Kassetten in der Hand hat sich alsdann der Herr an uns gewendet und gefragt: »Also vier Bilder im ganzen, ja?«

»Nana, bloß zwoa! ... Zwoa verschiedene!« meint drauf der Lenz. Die Dame ist inzwischen mit den Kassetten hinter einen Vorhang. Der Herr hingegen ist jetzt schon ein wenig anders geworden, und dringend hat er uns belehrt, daß wir doch pro Aufnahme zwei Stück, also bei zwei Aufnahmen vier Stück nehmen müssen.

»Ja, aba mir hobn nimma sovui Geld! Mir hobn bloß no drei Mark und hoamfahrn müass' ma aa no«, hat der Lenz kleinlauter gesagt. Das hinwiederum hat den vorher noch so freundlich gewesenen Herrn auf einmal wie verwandelt. Er ist fast grob geworden und hat geschimpft: »Neinnein! Also das gibts nicht, meine Herren! Bestellung ist Bestellung!« Fuchsteufelswild hat er uns gemustert. Wir sind dagestanden wie mit der vollen Hose. Barsch hat er gesagt: »Ich will's euch ausnahmsweise um zwei Mark lassen, fertig!«

Es hat gestockt zwischen uns.

»Ja, dös geht it ... Mir kinna ja sunst nimma hoamfahrn!« hat endlich der Lenz bedeutend dasiger gesagt und dazugesetzt: »A Mark und vierzig Pfennig kost's ja für uns zwoa auf Starnberg alloa scho!«

»Ja, was bestellen Sie dann! Das ist doch unerhört! Eine Frechheit sowas!« hat die Dame plötzlich hinter dem Vorhang gezetert. Mir ist ganz angst und bang geworden. Wieder schaut uns der Photograph so minder an. »Sie haben doch gewußt, was es kostet! Frechheit!« hat sich die Dame wiederum vernehmen lassen. »Hm, unverschämte Bengel!« knurrt der Photograph, alsdann hat er ganz resolut gesagt: »Also vier Bilder! ... Eine Mark sechzig, basta!« und ist auch hinter dem Vorhang verschwunden. Da haben er und die Dame in einem fort gebrummt und geschimpft auf uns. Der Lenz und ich sind eine Zeitlang benommen stehen geblieben. Keiner hat gewußt, was er tun soll. »Dös san Schwindla«, habe ich endlich dem Lenz zugewispert, und grad in dem Augenblick saust der Photograph hinter dem Vorhang heraus und sagt: »Das Geld, bitte!« Der Lenz hat gar nicht wollen und sich hin und her besonnen. »Bitte, das Geld!« meint der Herr ganz bös. Der Lenz hat endlich sehr ängstlich einen Drei-Mark-Taler hergegeben und furchtbar traurig dreingeschaut. Wahrscheinlich ist ihm dasselbe wie mir durch den Kopf gegangen: Da kriegen wir nichts mehr heraus, womöglich gibt uns der Bazi auch gar keine Photographie, haut uns genau wie der Bierdieb in der »Fischer-Vroni« drüben ein paar Watschen herunter, und wir haben einen Dreck von allem. Aber Geschäftsleute müssen doch bessere Leute sein wie andere Menschen – denn der Herr hat dem Lenz wirklich eine Mark und vierzig Pfennig rausgegeben, gleich darauf ist die Dame mit einem weißen Kuvert dahergekommen und hat es uns gegeben mit den Worten: »Da, Lausbuben, machts, daß'z weiterkommt's!«

Jeder von uns hat gezuckt als wie wenn jetzt die Watschen kommen, und ganz dasig sind wir schnell aus dem Zeltverhang auf die laute Hauptstraße. Richtig aufgeschnauft haben wir, daß alles so gut abgelaufen war. Der Lenz hat sofort die Bilder aus dem Kuvert genommen, und wir haben sie angeschaut. Sie waren auf kleinen Blechplatten und sind so dunkel gewesen, daß wir uns nur mit größter Mühe drauf erkannt haben. Trotzdem aber hat der Lenz lustig gesagt: »Ah, dö san zünfti! Haut scho!« Es war ja auch alles ganz schön: vor dem Automobil, nicht zum Wegkennen von einem echten, und als lustige Gebirgswanderer vor der Tafel »Zur Zugspitze« wir zwei. –

»Do werd d' Muatta schaugn ... Mei Liaba, solcherne Photographien hat nu koana an ganzn Dorf!« habe ich gesagt, und der Lenz hat schlitzohrig gemeint: »Und billi hobn mir's aa no derwischt ... Wenn i net ghandlt hätt, kunnt ma jetz nimma hoamfahren ...«

»Wos? ... Mir hobn doch zwölf Mark ghabt!« habe ich wissen wollen. »Hobn ma denn scho gor nichts mehr? ... Gor nix?«

»Na, ois's is scho bein Teifi«, hat der Lenz gesagt, aber das habe ich arg angezweifelt.

»Ja, gell, weilst ois's für di verbraacht host! I hob gornix derwischt!« habe ich alsdann zu benzen angefangen und mich wieder geärgert. Der Lenz ist auch gleich wieder kritisch geworden und hat gemeint, ich soll fein nicht frech werden, ich hätte viel genug bekommen. Wir haben das Streiten angefangen und sind ganz traurig am Starnberger Bahnhof angekommen. Eine ganze Stunde haben wir noch auf den Zug warten müssen. Ich habe nicht mehr reden mögen vor lauter Wut und der Lenz auch nicht. Wie wir end-

lich gefahren sind, hat mein Bruder die Photographien herausgezogen, aber – o heilige Dreifaltigkeit! – die sind schon ganz und gar schwarz gewesen und man hat gar nichts mehr drauf gesehen. Das hat uns ganz verdrossen gemacht. »Gell«, sag ich, »gell, i hobs gsogt, daß er a Schwindla ist, der Hundsphotograph ... Aba du mußt ja überoi neilaafa!«

»Ah, jetz schaug eahm it o! ... I bin einiglaafa? ... *Du* bist ja mit den damischn Kerl glei mitglaafa, du Depp!« hat mich der Lenz zurechtgewiesen.

»I ...? It wohr is! ... I hob ja gor koa Geld ghabt! *Du* bischt es gwen, it i!« habe ich ihm widerstritten, und da ist er ganz fuchsig geworden und hat bloß noch gesagt: »Hoit's Mäu, Lausbua, damischa ... I fahr meiner Lebtog nimma mit dir furt, daß d' ös woaßt, Depp, dappiga!«

»Du bischt aa oana!« habe ich vorlaut gesagt und gemeint habe ich, mit ihm fahre ich auch gar nie nimmer wohin, weil er mir mein Geld genommen hat.

»Du sei fei stad, gell! Saubua, nixiga! A Diab bin i fei no lang it, gell!« hat der Lenz ganz gefährlich gedroht, und da habe ich gesagt: »I mog gor nix mehr sogn.«

Stockstumm sind wir während der ganzen Fahrt nebeneinander gesessen, aber wie wir in der Nacht von Starnberg heimgegangen sind, ist doch das Streiten wieder angegangen. Wenns nach mir gegangen wäre, habe ich einmal gemeint, ich hätte der Mutter gern was mitgebracht, aber wenn man einem einfach kein Geld laßt?

»Wos! Hundsbua, rotziga! Wos, fangst scho wieda o und sogst, i bin a Diab!« hat der Lenz auf einmal geschrien und hat mich recht durchgehaut. Ich bin ihm endlich ausgekommen und davongelaufen.

»Wart nu, i sog's scho wega dein' Flobertstutzn und wega

’n Wuidern! Wart nu!« habe ich zurückgeschrien in der Finsternis und wollte es auch wirklich wahrmachen.

Daheim sind alle schon im Bett gewesen, und wie endlich der Lenz dahergekommen ist, hat er wieder eingelenkt. Gefragt hat er, was er mir geben muß, wenn ich ihn nicht aufbring.

»I brauch nix! ... I sogs! ... Glaabst, daß i mir mei Geld nehma loss und nacha schlogst mi no recht aa!« habe ich gebockt. Trübselig hat der Lenz dreingeschaut.

»Do«, sagt er endlich nach einer Weile dasig: »Zwanzg Pfenning hob i no ... Dö kriagst, wennst mi it aufbringst. Aba ganz gwiß derfst nix sogn! Ganz gwiß!«

Ich hab das Geld angeschaut und mich eine Zeitlang besonnen und gesagt: »Ja, gib mir’s, i sog nix.«

»Aba ganz gwiß it! Ganz gwiß!«

»Wenn i’s amoi sog ... Moanst i bin aa a so wia du!« habe ich überlegen gesagt und schnell dazugesetzt: »Aba schiaßn muaß i aa amoi derfa ... Gib ma’s, mei Zwanzgerl, gib ma’s ...«

Der Lenz hat mir versprochen, daß ich oft schießen darf mit seinem Stutzen, und das Zwanzgerl habe ich auch bekommen. Ich habe mein Wort gehalten und er auch. Wie wir einmal gewildert haben, hat der Lenz mir erzählt, daß ihm die Isis wahrgesagt habe, ihm droht eine Gefahr, aber wenn er sich den Feind zum Freund macht, kommt gar nichts auf.

Und das hat mich sehr gewundert, weil sie es so erraten gehabt hat, und geehrt habe ich mich auch gefühlt, weil ich jetzt wirklich dem Lenz sein Freund gewesen bin. –

[1908]

Fritz von Ostini
Oktoberfest
Desipere in loco ...

Es ist zuweilen selbst der Weise,
Der tief des Lebens Ernst erfaßt,
In farbenbunter Torheit Kreise
Auf Augenblicke gern zu Gast:
So ward auch ich zum Freund und Lober
Von jenem Fest der Isarstadt,
Das einzig ist und vom Oktober
Den weltberühmten Namen hat!

Hier kriegt der Landwirt was zu schauen:
Das größte Rindvieh, Stier und Kuh,
Die märchenhaften Riesensauen
Und holde Ferkelchen dazu
Und Rosse, leicht und schwer und mittel,
Und Rennen, wo sich oft zuletzt
In seinem buntem Seidenkittel
Der Rennbub auf den Rasen setzt.

Dies Fest ist heuer, nota bene!
Ein Jubel- und Geburtstagskind,
Weil anno Neunzehnhundertzehne
Verflossen hundert Jahre sind,
Seit man zu selbigem verständig
Gefaßt die glückliche Idee –
Und heute ist's noch so lebendig
Und heut noch so fidel, wie je!

Im Schatten weiß und blauer Wimpel
Spazierst du heiter dort herum –
Selbst als Geheimrat mischst du simpel
Dich ins gemeine Publikum.
Und wenn du ob der feuchten Sitten
Der »Bierathener« sonst auch murrst –
Dich faßt in dieses Volkes Mitten
Mit Riesenurkraft selbst der Durst!

Dann stürmst du hin, wo an der Schenke
Der feiste Gastwirt schimpft und schnauft
Und von dem göttlichen Getränke
Drei Quart als eine Maß verkauft;
Wo, wie ein Hering, ein gepreßter,
Der eine auf dem andern stöhnt
Und schmetternd dir ein Blechorchester
Genüsse in die Ohren dröhnt!

Hier winken holde Schießmamsellen,
In schmucke Alpentracht gehüllt,
Das Tigertier aus Blech zu fällen,
Das, wenn getroffen, schreckbar brüllt;
Dort schmeicheln schlaue Photographen
Dein Bild dir an bei Blitzlichtschein;
Da kaufst du an des Glückes Hafen
Pro Taler fünfzehn Wursteln ein!

Die Zeit verschwimmt dir, wie der Liter,
Es duften saftig, fett und braun
Die Würstchen auf des Rostes Gitter,
Am Spieße dreht sich der Kapaun;

Es wogt, wie aus des Teufels Küche
Um dich ein wundersam Gemisch
Intim vereinigter Gerüche
Von Rettig, Käs und Steckerlfisch.

Betäubt halb fühlst du dich, halb selig,
Das Auge glüht, die Glatze schwitzt
Und sachte spürst du, wie allmählig
Moral und Börse lockrer sitzt:
Es kribbelt schnöde dir im Schädel
Die Lust nach Don-Juanerie,
Du äugelst frech mit einem Mädel
In praller Bluse, vis-à-vis!

Dort gleichet einer Arche Noah
Ein Menageriezelt kolossal –
Man zeigt das Stinktier und die Boa,
Den Löwen und den Baribal
Und eine Maid mit Riesenschenkeln
Und animalisch roter Haut
Scheint an den Nerven nicht zu kränkeln,
Weil sie sich in den Käfig traut.

Du siehst ein doppelköpfig Kalb an,
Woran der eine Kopf bloß echt;
Es wird dir auf der Berg- und Talbahn
Für wenig Geld unendlich schlecht;
Du gehst zu den gelehrten Pudeln,
Du siehst – und riechst! – den Nordlandswal,
Und um dich winseln, quieken, dudeln
Dreihundert Werkel auf einmal!

Dann suchst du bei den Leinwandbuden
Dir mannigfachen Zeitvertreib:
Azteken siehst du, Botokuden
Und Mädchen ohne Unterleib.
Du siehst den Menschen anatomisch
Im Wachsfigurenkabinett,
Dressierte Affen – furchtbar komisch! –
Und Riesendamen – furchtbar fett!

Doch dich, der sonst so zart besaitet,
Geniert heut solcher Mißklang kaum –
Und neuerdings kehlabwärts gleitet
Des Märzenbieres süßer Schaum.
Zu Mute wirds dir immer feiner,
Von allen Sorgen wirst du frei –
Es braucht der Mensch, sagt der Lateiner,
Halt manchmal etwas Narretei!
Biedermeier mit ei.

[1910]

Josef Benno Sailer
Der Gewinst

Eine lustige Oktoberfest-Geschichte

In der Prachthalle zum Schottenhamel saß am Oktoberfestmontag eine fidele Tischrunde beisammen; man war bereits bei der dritten Auflage Märzenbier angekommen. »Jetzt fehlt bloß no' der Wittler«, meinte der behäbige Bimslechner, »dann wär' die ganz' G'sellschaft bei'nander.«

»Wann ma'n Wolf nennt, na kimmt er g'rennt«, zitierte der Gensberger, »da schau hintere, da druckt er si' grad durchi!«

»Na, da wird's net viel drucka braucha, so a Haringseel kimmt überall durch«, spöttelte der Groninger, »schaugt's 'n o, an Glückshafeng'winst hat er aa scho wieda.«

Richtig hielt der Ankömmling krampfhaft einen Karton mit einer Gewinnnummer fest.

»Servus, mit'nander«, grüßte er die Tafelrunde, »da schaugt's her, was i g'wunna hab.« Damit schlug er den Karton auf die Tischplatte, daß es patschte.

»Ja, i sag's ja«, klagte der Schneidermeister Niederthaler, »a Glück wann der Mensch hat, na is er fein heraußen. I woaß net, mi mag's halt gar net. G'wiß tausend Los hab i scho g'habt, aber kriagt hab i no nia nix. Wiaviel Los hast denn g'nomma?«

»Um a Markl halt, mehra nimm i nia net.«

»No ja, da hamma's ja scho, auf fünf Los kriagt der an Treffer, so an Dusel!«

»Oha«, lachte Wittler, »hab scho zwoa g'habt, aber da oane war a Pupp'n, de hab i glei herg'schenkt.«

»Und was ist in dem Karton drin?« wollte Gensberger wissen.

»Dös woaß i selber net«, sagte Wittler.

»Na tat i halt einischaug'n, fader Kerl!«

Der Karton wurde geöffnet, und fein auf Spitzenpapier gebettet, zeigte sich eine Lage violetten, hübsch geblümten Samtstoffes.

»Ja, was is denn iatzt dös?« brummte Wittler enttäuscht, »a *Blusenstoff* für a Frau'nzimmer, was tua i mit so an G'lump?«

»A Blusenstoff«, entfuhr es erregt den Lippen des Schneidermeisters, »blamier di' do net gar so! Dös siecht do a Blinder, daß dös a *Schileestoff* is.«

»A Schileestoff«, wiederholte Wittler gedehnt, »a Schileestoff? O jegerl, was werd der wohl wert sein? Höchstens a zwoa oder drei Markl.«

»O du Rentamt«, zürnte der Schneidermeister, »wann nur grad d'Leut nix red'n wollten von Sachen, die s' net verstehnga. Der Stoff is unter Brüada seine zehn Markl wert.«

»Zehn Markl? Geh schneid o!«

»No, i wer's do wissen, wann i fünfadreiß'g Jahr lang mei G'schäft führ' und selba Stoff auf Lager hab. Ich will dir glei was sag'n, i hab ganz genau den nämlichen Stoff dahoam und der kost mi selber fufzehn Mark, daß d'as woaßt; da ko' i dir d'Rechnung zoag'n.«

»Ja, wann dös wahr ist«, schwenkte Wittler ein, »nacha waar's ja der Müah wert, daß i mir a Schilee draus macha lassat?«

»Natürli. Tua'n nur glei her; bis in acht Tag hast as, dei Maß hab i ja so.«

»Moanst net«, zögerte der Stoffgewinner, »daß dös Muster a wengl gar g'scheert is?«

»Was? G'scheert?« brauste Niederthaler auf, »gell, tua mi fei net beleidigen! I führ koane g'scheerten Stoff, dös merkst dir. Dös is dös modernst, was's gibt.«

»No, no, so war's ja net g'moant, aber z'auffallend ist mir die Farb', i bin do koa Gigerl.«

»A dummer Deifi bist!« knurrte der Schneider, »Weilst net woaßt, was schö is. Vo mir aus brauchst dir koa Schilee macha lassen, i will dir nix aufschwatz'n weg'n de paar Markl, de i da dro verdean. I mach dir an andern Vorschlag, weil i so nur mehr für oa Schilee Stoff im Laden hab. Woaßt was? I kaaf dir den Rest ab; i gib dir acht Markl dafür.«

»G'hört scho dei«, rief Wittler vergnügt und schutzte den Karton über den Tisch zu Niederthaler hinüber, daß dessen zum Glück leerer Krug das Gleichgewicht verlor.

»Spezln, wißt's was?« schlug der Verkäufer vor, nachdem er den Betrag einkassiert hatte, »mi hat der Stoff nix kost, also will i aa de acht Markl net für mi alloa. Wißt's was? De wer'n in Märzenbier und Schweinswürst'ln og'legt und a jeda is eing'lad'n dazua!«

Jubelnd wurde der hochherzige Vorschlag begrüßt und dann gings bei Freibier gar hoch her. – –

Voll des süßen Märzenbieres und zufrieden ob des günstigen Kaufes wanderte Schneidermeister Niederthaler auf etwas unsicheren Beinen nach Räumung der Wiese heimzu und lag bald in des Traumgotts Fittichen. Im Traum sah er den violetten Schileestoff ins Unendliche wachsen und das ganze Firmament bedecken; die kleinen gelbgestickten Blümlein blinkten daran, wie Sternlein am nächtlichen Himmel und einer dieser Sterne wuchs zusehends und wurde schließlich zu einem sprühenden Feuerrad, das ihm dicht vor den Augen herumtanzte. Komet und Weltuntergang waren seine letzten Gedanken. Da erwachte er in Schweiß gebadet und schaute mit blinzelnden Augen vom Bett aus direkt in die schon hoch am Himmel stehende Sonne. Es war 11 Uhr mittags. –

Niederthalers erster Gang war in den parterre gelegenen Laden; er wollte vor allem den billig erstandenen Stoff zu dem andern legen. Aber eigentümlich, wie er auch suchte, er fand ihn nicht, obschon er geglaubt hatte, ihn nur nehmen zu dürfen.

»Franz«, rief er in die an den Laden stoßende Werkstätte, »wo is denn der bleamelte, samt'ne Schileestoff hinkommen?«

»Der Schileestoff?« gab der Gehilfe zurück, »ja den ham Sie do' gestern Na'mittag hol'n lassen.«

»I? Dös gibt's net, i hab nix hol'n lassen!«

»Aber natürli«, beharrte der Gehilfe, »um viere, kaam daß Sie furt war'n, is a rota Radler kemma und hat g'sagt, i sollt eahm den violettbleamelten Schileestoff mitgeb'n, sie hätten an vogessen; da, de Karten hat er abgeb'n von Eeahna, da muaß i'n hergeb'n, wann Sie's selber schreib'n.«

Niederthaler nahm die Karte, schaute sie an und meinte, sich über die Stirne fahrend: »Jessas, ja, wia ma nur so vergessen sei' kann; dös macht dös Malefiz-Märzenbier, ja, ja freili, i hab'n ja aa wieder mitbracht. Da, da ham S' 'n, nehmen S' 'n mit, i schenken Eahna, Franz, i will'n nimmer sehg'n!«

Zögernd war der Gehilfe mit einer bezeichnenden Bewegung an die Stirne, die seinen Zweifel an der Zurechnungsfähigkeit seines Herrn ausdrücken sollte, im Nebengemach verschwunden, da platzte Niederthaler in ohnmächtiger Wut los: »O, diese Bande! Dö Karten hat neambd anderer g'fälscht als der Wittler, der Gauner kennt mei Schrift! Reing'legt ham s' mich, die Halunken, und i hab g'holfen, *mei eigens Geld zu versaufen*, o ich Kamel! Nur a Ahnung wenn i g'habt hätt. *A paar Maß mehra hätt' i scho no vertrag'n!*«

[1910]

Ludwig Thoma
Oktoberfest 100 Jahre

Lasset uns, ihr edlen Bayern
– Untertanen! Publikum! –,
Mit gehobnen Herzen feiern
Dieses stolze saeculum!

Hühner-, Gäns- und Heringsbrater,
Heute seid ihr zentenar!
Dank so manchem Landesvater,
Der euch mild gewogen war.

Stier- und Sau- und Ochsentreiber,
Heute fühlt euch vaterländ'sch!
Brezelfrauen! Radiweiber!
Jedes alte Kuchelmensch!

Schweige jeder Widersacher!
Denn noch blühen sie uns frisch:
Treue für die Wittelsbacher,
Wiesenmaß und Steckerlfisch!

Nein! Noch ist es keine Lüge,
Daß man treu und bieder denkt!
Hebet hoch die Literkrüge,
Mit drei Quarteln eingeschenkt!

[1910]

Ludwig Thoma
Jozef Filsers Briefwechsel

An Härn Gorbinian Bechler-Boshalder
in Mingharting, Bosd daselbs

Ich bin wider eingerukt zum regihren und disses isd sähr gud das mier ein barlamänt haben den sonzt mus ich das gantze Jar bei dem Trachen hoken und kahn ier nichd aus haber durch disse Schtazgeschefte bin ich hinwäg fon ier und habe meine Ru.

Jez schbeiben mier ahle in die Hende und fangen zum regihren an, das ahles gracht und sind auch schon ahle da und haben ins die Mienisder iere aufwardung gemachd, das mir mit ienen gnedig sind. Bis jez weis mahn noch nichd wie mir uns ferhalden und welchene bolidik das gemachd wierd oder ob mier einen schtierzen oder ob mir ahle Minisder behalden und ienen nichd aufsagn, den disses weis plos der Orderer.

Der Biechler had gesagd leuder es wierd eine schtille Säsion indem es gans wänig zum schimbfen gibt und disses ist dadurch weil die Minisder keine schneihde mer hamm und wahr es frieher lusdiger wie noch der langhaksete Greillshaim da wahr indem disser sich liberalisch geschtellt had und haben mier was zum fingerhaggeln gehabd, haber jez ist keiner mer da wo mid uns haggelt und missen mier hald schaugen, ob mahn nichd einen Schtreit fiendet. Haber disses ist ser schwär indem ahle Minisder ierene Blätschen hengen lasen und keiner muxt, jedoch mus mahn hobfen das der Heim was zum brillen had, den fier was hamm mir ein barlamänd, wenn sich nix riehrt? Der Bfahrer fon

Sinzing had gesagd das jez eine Kohmisiohn im kadollischen Kashino beisahmen ist die wo suchd das mier was zum schimbfen krigen und das mier insern Heim auslahsen köhnen auf die Minisder haber bis jez isd es draurig dän die Rähligon wo mahn am schensten schimbfen kahn had der Wähner Toni und disser ist ein heumlicher Gabuziener und kahn man fon iem das kadollisch sein noch lärnen und da riehrt sich nichz.

Haber es wierd schon was kohmen das die kadollischen Wehler einen Gspas haben und mier ist es wurscht indem ich auf die Fästwise gehe, den disses haben sie gud getrofen, das jez das barlamänd angekohmen ist wo auch zwei Mänascheri angekohmen sind und so fiele Fiecher beisahmen sind, das mahn nur grad schaugen mus.

In der Mänascheri sind aber keine inlendische Rindfiecher sontern auslendische Rauptire, wo Menschen fräsen bald sie heraus sind, haber es giebd auch Leide, wo zu ienen hineingehn und ein Weisbild ist auch zu ienen in den Kefich und had einen gans kurtzen Rohk angehabd bis zu die Kniehe und fäste Wahdeln, das du geschaugt häzt, was fier Wahdeln disses wahren und sie had mid einer grosen Hunzbeitschen auf die Löben und Thieger gehaud das sie gewimpseld haben und bald einer sein Fozmäu aufreist und brillt haut sie iem auf die Nasse als wen es plos eine Hauskaz wehre.

Mein liber Schpezi mid dissem Weisbield mechte mahn nichd ferheirad sein hobwol sie rechd sauhber isd, haber bei der gibd es keine Wierschtel sontern mahn krigt seine Fohzen.

Dan giebt es auch Eißberen wo auf iere ersch ins Wahser rudschen und dan giebt es auch Afen, wo mahn die greste

Gauhdi had und mus ich dir sahgen, bald es nichd zwegen der Rähligohn were, kahn ich es schon bekreifen, das mier fon disse Afen erzeigt sind, haber durch den kadollischen Kadegisimus ist es der Ahdam gewäsen, hobwol mahn doch ofd nichd weis, wer der Vatter ist und fieleicht war auch ein Afe dabei und had sich blos wegeschwohren. Mein liber Schpezi, bald mahn disse Afen anschaugt, siecht mahn fiele Bekahnte und inser Schullärer isd auch dabei, gans akerat so und inser biergermeister were froh, bald er so gescheid ausschaugen thete. Disse Ahfen haben ahles was mier auch haben, jädoch sie schehmen sich nichd so, wie mier ins schehmen, indem mir eine göthliche Sähle besiezen und eine hohse darieber anziehgen, haber sie grazen sich dort und fangen Leise und zeichen ahles her und dreiben abscheilinge Schpiele und durch disses klaube ich wider an insern Schtammvater Adahm, wo doch gewies eine Schwiemhossen angehabd had oder ein zimlich groses Feugenblad zwegen seiner unschterblichen Sähle. Näben disser Mänascheri ist ein Zält mit wielde Fölgerschaften, die auch nichd fiel anhaben aber doch ieber die Haubtsache durch die bohlizei mit greßerne hantiecher geschiezt sind und ich mus es dir schreim, das disse Mäntschen nichd fiel wüschter sind als wie kadollische Kristen sontern die Weisbielder sind schehner als wie die meunige und als wie die Deunige, hobwol ich disses ja nichd weis sontern plos errahde, haber disse schwartzen Weisbielder sind gut geschtellt mein liber Schpezi indem sie schtarke Härzen hahben wie die Krahmer Zentzl und iere hinterkwatire sind mir noch liber und sind ehnlich als wie der bfahrerkechin der ierige und mechte mahn sie gärne schtreicheln, haber disse Gegenschtende dierfen nichd beriert werden, mein liber Schpezi und must die Brazen weglahsen. Bloß anschauhgen derf man sie.

Haber disses ist leereich und ein groser Underschied fon dem weiblingen Geschlächte was bei ins daheim ist und bald inserne Weisbielder in einen Zälte wonnen und plos Hantiecher anhaben, mechte mahn nichz bezallen, damid das mahn sie anschaugt und es ist sähr gud, das sie kadollisch sind und folgedässen ahles zudäken missen, den fier Heuden sind sie fiel zu schiech und das sexte Geboth ist bei ienen keine Kunzt, sondern man ist froh und zwegen dissem blieht auch bei ins die Rähligon auser nach der Feuertagsschule. Disses habe ich jez erkahnt.

Es giebt auch ein Risenmätchen aus Diroll auf der Wihse mit drei Zäntner, haber disse ist sogahr fier eine Bfahrerkechin zu fedd.

Es giebt auch Schaugeln, wo fornen ein Mahn schteht, der schaugelt und hinden schteht oft ein Weisbield das die Röke fliehgen, haber man derf nicht so nah hingähen, wie der Bfahrer fon Sinzing, indem ien die Schaugel auf den Gobf getrohfen had und er had eine beile emfangen wie ein Kierbiß, haber plos auf der Schtierne, wo es nichz machd.

Es giebt auch ein Kahrusel, wo ich ofd darauf farre, bald es dunkl wierd und ist sär fidöl, indem mahn gans dahmisch wird und sind auch fiele Mätchen wo gern mitfarren, haber ich trauh mich nichd; Du weist schon.

Jez ist auch die landwierdschafdliche Ausstelung, wo das Rindfiech fon inserm Minisder angeschaugt wierd, und bin ich auch dabei, indem mier im barlamänt ein groses Inderäse fier das Gedaihen der landwierdschafd bezeihgen missen und missen auch ahle beahmte und Brinsen ein Inderäse bezeichen.

Sie gähen herum mit iere Schiefhüt und buzen die briehlen und schaugen das Rindfiech an und das Rindfiech schaugt sie an. Haber ich klaube, sie kehnen einahnder nichd, sontern sie thun plos so und bald mahn einer Ku den Schweihf aufhäbt, schaugen die Minisder und Brinsen und beahmten wäg, indem sie sich schehmen und si klauben, disses ist so unanschtendig wie bei ienen und bekreifen nichd, das disses beim Rindfiech einen andernen Zwäk had.

Und der Regierungsbresadent had gemeint er mus noch merer Inderäse bezeichen und had eine Ku geschtreichelt und had aber gleich seine weisen Hantschu angeschaugt ob fielleichd die Farb fon disser Ku abget, und ein Greisdierarzt ist da gewest, der had gemeint, er mus beweissen, das er mit disse Rindfiecher beser umgähn kahn und dreht einen Ox den Schweihf auf die Saite und last aber die hant dort und der Ox lägt ihm einen grosmechtigen bfannkuchen hinauf, das ich hab lachen miessen, das mier das Wahser fon die Augen gelauffen ist und er schaugt mich gans wild an und sagt, disses kahn jedermann bassieren und ich sahge, es bassiert plos, wen mahn die Hant auf die Miendung legt und fieleichd had der Ox Zweschgen gefräsen, und da haben ahle gelacht.

Haber dan sind sie gegangen, indem die Groskobfeten keine solchene genauhe bekantschaft mit der landwierdschaft doch nicht mägen und indem das Folk schon gesähen had, das sie sich um das Rindfiech kimmern und es liehben.

Und disses ist die Haubsache, und jez geh ich wider auf die Fästwihsen, wo mahn Trachen schteigen sieht, haber den meunigen nichd, indem er Gozeidank angehengt ist und lebe woll du armer Mensch und fieleicht auf Kirta kohme ich weilst Du mich schon ofd eingelahden hast, du bazi du gans ausgschamter und säu fleisig mein liber Mentsch den ich bin auch fleisig haber nichd mit der Miestgabl wie ier sondern mit dem Gobf.

Es griest dich dein liber Freind Jozef Filser.

[1912]

Karl Valentin
Beim Tiefsee-Taucher

Die Komödie spielt in zwei Szenen vor *und* in *der Taucherbude.*

1. Szene.

Auf der Bühne steht schräg *die Aussenkulisse (Aussenansicht) einer Taucherschaubude. Auf kleinen Antritten vor der Bude steht die Kapelle, bestehend aus drei Blechmusikanten, einem Clown, welcher die grosse Trommel schlägt und dem Ausrufer. – Die Musik beginnt. Nach der zweiten Musikpiece erscheint der Taucher selbst, tropfnass von der letzten Vorstellung. Der Ausrufer hält nun seine Ansprache:*

Ausrufer: Zutritt, Zutritt!, meine Herrschaften! – Soeben beginnt eine neue Vorstellung! Sie haben heute Gelegenheit, die Tätigkeit eines Tiefseetauchers zu bewundern. In einigen Minuten ist Anfang der Vorstellung! *(Erklärung der Ausrüstung)* Sie sehen also hier einen Tiefseetaucher! Wie ein Packträger auf dem Lande arbeitet, so hat ein Taucher die Pflicht, unter dem Meere zu arbeiten. Damit dem Taucher das möglich ist, benötigt er einen Taucher-Anzug und die entsprechende Ausrüstung dazu *(zeigend)*. Dieser besteht aus einem wasserdichten Gummianzug, der an den Armen und an den Schuhen mit Gummiringen abschließt, um das Eindringen des Wassers zu verhindern. An dem Taucherhelm befinden sich runde Fenster, damit der Taucher herausschauen kann. – Dem Taucher wird jetzt der Taucherhelm wieder auf den Kopf gesetzt. Vorläufig atmet er noch die irdische Luft ein, sobald aber dem Taucher die Verschlusschraube eingeschraubt wird, ist der Taucher von der Athmosphäre abgeschlossen und muß ihm durch die Taucherpumpe Luft zugeführt werden. Der Taucher wäre nun tauchfertig ausgerüstet, wäre aber noch nicht imstande, in die See hinunterzutauchen, weil er noch nicht die nötige Schwere besitzt. Um dieses zu bewerkstelligen, muss dem Tiefseetaucher das sogenannte Taucherherz umgehängt werden. Dieses Taucherherz hat den Zweck, den Taucher in die Tiefe zu ziehen. Dieses Taucherherz hat ein Gewicht von 30 Pfund; ausserdem hat der Taucher noch an beiden Füssen die sogenannten Taucherschuhe aus Blei im Gewicht von 80 Pfund, welche ebenso dazu bestimmt sind, die Schwere des Tauchers zu vermehren. – Das hier ist der Luftschlauch, welcher dem Taucher die Luft aus der Pumpe zuführt, und das hier ist das Seil, an welchem der Tiefseetaucher in die grauenhafte Tiefe des Meeresgrundes hinabgelassen wird. Ausserdem erhält der Taucher die elektrische Taucherlaterne, die ihm in angezündetem Zustande Licht gibt und auch unter Wasser brennt. Der Tiefseetaucher ist somit völlig ausgerüstet und die Vorstellung kann beginnen! – Also Zutritt, Zutritt, – damit Sie sich einen schönen Platz sichern können! Die Kapelle gibt das letzte Zeichen und die Vorstellung beginnt!

Der Ausrufer geht nun mit dem Taucher und den Musikanten in die Bude hinein. Ihnen folgen verschiedene Personen, die vor der Bude die Rede mit angehört haben. Nach dem Publikum erscheint vor der Bude Karl Valentin und Lisl Karlstadt als komisches Ehepaar. Vor der Bude sitzt nur noch die Kassierin.

Karlst.: Da schaug her, Alter, der Taucher is a wieder auf der Wies'n herauss, – ah fein – da geh'n ma eini, geh weiter!
Valentin: A, mir gangst, dös war net vui interessant, da geh i schon liaber zum Riesenmädchen, die hat solchene Hax'n, da sieghst wenigstens was!
Karlst.: I gib dir glei Hax'n! Wennst Hax'n sehg'n willst, dann schaugst de mein' o, dös merkst dir!
Valentin: Hab i koa Interesse!
Karlst.: Wennst scho positiv a seltens Frau'nzimmer sehg'n willst, nacha geh'n ma halt zur »Dame ohne Unterleib«.
Valentin: Die hat ja koane Hax'n net, geh'n ma halt zum Riesenmädchen!
Karlst.: Stad bist jetzt, jetzt geh'n ma grad extra zum Taucher nei! – Zahl'n tua i – gib 's Geld her!
Valentin: Säh – ja Du, hast g'hört, wart ma halt, bis der Taucher wieder ausser kimmt, dann schaug'n ma'n uns heraussen o – dös war doch a Blödsinn, wenn ma neigeh' tat'n.
Karlst.: Dumm's Mannsbild, dumm's, herauss taucht er doch net unter.
Valentin: Wo nacha?

Karlst.: Ja drinna!
Valentin: Wo drinna?
Karlst.: Ja, im Wasser!
Valentin: Jaaaaa – is in dera Bud'n lauter Wasser drinna?
Karlst.: Wahrscheinlich!
Valentin: Mir gangst! – Na dersauf' ma ja!
Karlst.: Jetzt geh'n ma amal nei, – gib Obacht – da kommen 4 Stufen, daß d' di net derfallst!
Valentin: Ja ja, kümmer' di net um mi! *(Fällt auf der Stiege, schlägt sich die Nase auf)*
Karlst.: Hab i's net g'sagt, mit dem Kletzenkopf kannst nirgends hingeh'n, höchstens ins Kasperltheater!
(Beide zahlen an der Kasse und gehen in die Taucherbude hinein.)

2. *Szene.*

Bude von innen. Die Bude muss auf der Bühne so gestellt sein, dass das Publikum die äussere und die innere Vorstellung ohne weitere Verwandlung vor Augen hat. – Die Vorstellung der Bude nimmt durch Aufziehen eines kleinen Vorhanges ihren Anfang. – Rekommandeur und Taucher (ohne Helm) betreten das Innere der Bude.

Rekommandeur: *(Zum Publikum)* Sehr geehrte Damen und Herren! Sie sehen also einen Original-Tiefseetaucher in voller Ausrüstung. Wie ein Packträger auf dem Lande arbeitet, so arbeitet der Original-Tiefseetaucher auf dem Meeresgrunde. Damit dem Taucher das möglich wird, benötigt er eine Taucherausrüstung. Dieselbe besteht aus einem wasserdichten Gummianzug und zweitens aus dem Taucherhelm ......

Valentin: Sie entschuldigen's, kann der anstatt dem Taucherhelm an Wilhelm a braucha?
Rekommandeur: Bitte mich nicht zu unterbrechen! – ..... An dem Taucherhelm befinden sich runde Fenster, damit der Taucher heraus schauen kann ....
Valentin: Wer schaut denn nacha nei?
Rekommandeur: Ja, der andere Taucher.
Valentin: Ja, is im Meeresgrund noch a anderer Taucher drunt?
Rekommandeur: Nein, aber wenn halt grad einer drunten wär, dass der andere dann hineinschau'n kann, ob da wirklich einer drin ist.
Valentin: Ja, was tut nacha der drinnere, wenn der draussere von heraussen hineinschaut?
Rekommandeur: Dann schaut der raus, ob der andere wirklich hineinschaut.
Valentin: Wenn aber der net neischaut?
Rekommandeur: Dann schaut der andere net raus.
Valentin: Aha – dös is ganz praktisch, – in dem Fall bräuchten dann gar keine Fenster drin sein.
Rekommandeur: ...... Wie Sie sehen, meine Herrschaften, atmet der Taucher jetzt noch die irdische Luft ein, sobald aber dem Taucher die Verschlusscheibe eingeschraubt wird, wie Sie hier sehen, ...
Valentin: Na derstickt er!?
Rekommandeur: Reden's doch nicht so saudumm drein, der erstickt eben nicht, der kann nicht ersticken, weil ihm künstliche Luft zugeführt wird aus der kompromierten Luftflasche. *(Zeigt dieselbe)* Der Taucher ist nun tauchfähig und geht ins Wasser. *Imitation Wassergeplätscher*
Valentin: Aus Liebesgram?

Rekommandeur: Nein – er steigt in diesen tiefen Wasserbassin hinunter[.]
Valentin: Ja – warum?
Karlstadt: Warum!, – also du kannst saudumm frag'n! Warum stehst denn du da?
Valentin: Dass i an Taucher siehg!
Karlstadt: Na also!
Rekommandeur: Sie sehen, der Taucher ist jetzt unter Wasser und wird jetzt unter Wasser arbeiten.
Karlstadt: Arbeitet der am Sonntag a?
Rekommandeur: Aber nein, am Sonntag geht der Taucher in die Kirche wie jeder andere Mensch auch.
Valentin: In dem Taucherg'wand?
Rekommandeur: .... Ich gebe nun dem Taucher eine leere Schiefertafel. Der Taucher wird unter dem Wasser etwas auf die Tafel schreiben.
Karlstadt: Da bin i g'spannt, was der draufschreibt!
Rekommandeur: *(Die nasse Tafel zeigend)* Der Taucher hat auf die Tafel geschrieben: »Ich habe grossen Durst!«
Valentin: Im Wasser drin hat er Durst!
Rekommandeur: Nun wird sich der Taucher unter Wasser schneuzen, wozu er ein wasser-dichtes Sacktuch benützt. Es wäre natürlich unanständig, wenn ich Ihnen dieses gebrauchte Taschentuch zeigen würde.
Valentin: Ja, Sie – Herr Taucherbesitzer, wenn aber der Taucher unterm Wasser hinaus muss?
Karlstadt: Der muass doch net naus, drum hat er ja a wasserdicht's G'wand o.
Rekommandeur: Sehen Sie jetzt, meine Herrschaften, genau hinunter in die Tiefe. – Eben hat der Taucher unter Wasser mittels einer Taucherlaterne Licht gemacht.

Alle: *(lehnen sich stark über das Geländer)* Wir seh'n kein Licht!
Rekommandeur: Bitte die Herrschaften, sich nicht zu weit über das Geländer zu beugen, damit das Geländer nicht bricht!
(Alle Zuschauer fallen in das Wasserbassin und plätschern darin herum).
Rekommandeur: Das war der Schluss unserer kleinen Vorstellung! [1917]

Egon Erwin Kisch
Über die Dramaturgie des Flohtheaters

Der große Impresario Ferda Mestek hat mit Kleinem begonnen: mit Flöhen. Wer ihm diesen Floh ins Ohr gesetzt hat – wir wissen es nicht. Ebensowenig weiß ja auch in E. T. A. Hoffmanns »Meister Floh« der große Delfter Mikroskopiker Antony von Leeuwenhoek auf die Frage des George Pepusch eine befriedigende Antwort darüber zu geben, warum er nach seinem Tode in Berlin ein Flohtheater eröffnete, statt in seinem Grabe in der Delfter Kathedrale stillzuliegen, wie es sich für anständige Tote geziemt, oder wenigstens seiner eigentlichen wissenschaftlichen Tätigkeit obzuliegen und Lupen und Linsen zu fabrizieren. Und ebensowenig gibt Mephisto den ehrenwerten Stammgästen in Auerbachs Keller eine Auskunft darüber, aus welchen Motiven eigentlich der König den jungen Floh wie seinen eigenen Sohn liebte. Es scheint also diesem kleinen, blutsaugerischen Tierchen eine dämonische Macht innezuwohnen, die starke Naturen veranlaßt, sie zu bändigen. So ist auch in

Ferdinand von Mestek wahrscheinlich der Entschluß emporgewachsen, ein Flohbändiger zu werden.

In seinem Zimmer verfertigte er mit der Geschicklichkeit des in der Küche ausgelernten Goldschmiedes eine Reihe von filigranen Equipagen, Omnibussen, Velozipeden und auch Kanonen, da er die Absicht hatte, eine Batterie ins Treffen zu führen, wie denn einem ordentlichen Flohtheater ebenso wie einem ordentlichen Heere nur eine gutgeschulte Artillerie zum Siege zu helfen vermag. Nachdem er sich so den Fundus für seine Bühne geschaffen hatte, begann er Personal zu engagieren. Er ließ ein Inserat in die Zeitung einrücken, daß er für jeden Floh zehn Kreuzer österreichischer Währung bezahle; er suchte jedoch »nur Menschenflöhe aus guter Familie«. Um den Verkäufern die Auffindung des Weges zu seiner Wohnung zu erleichtern, plakatierte er an dem Haustore und auch an der Restauration der Hetzinsel, wo er aus der Zeit seiner Tätigkeit als toleranter Tanzarrangeur der Redouten in hohem Ansehen stand, je einen riesigen Anschlag des Textes: »Hier werden Flöhe gekauft.« Die Tafel vor seinem Hause war der Anlaß zu den ersten Kämpfen, die Ferdinand de Mestek in seinem neuen Beruf zu bestehen hatte. Die Mietsparteien fühlten sich verletzt, auf dem Hof, im Stiegenhaus und auf den Korridoren rotteten sie sich in bedrohlicher Haltung zusammen, sie würden nicht mit Flöhen im selben Hause wohnen, der Volksmund werde das Haus den »Flohpalast« nennen, Mestek habe keinen Gewerbeschein zur Flohdressur und keine Theaterkonzession, er zahle keine Steuer für lebende Haustiere und das, was er betreiben wolle, sei elende Tierquälerei. Der Hauswirt stellte sich an die Spitze der Empörten, aber die Wogen des Aufruhrs brandeten an dem Redeschwall der Gattin

Mesteks: Frau Anna, die sich später dank ihrer Interventionen bei unterschiedlichen Amtspersonen den Ehrennamen einer »Behördengeißel« erworben hat, jagte mit der Kraft ihrer Rede alle in die Flucht.

Bald darauf stellten sich die Verkäufer von Flöhen ein. Neue Schwierigkeiten! Ausdrücklich hatte Mestek in seiner Annonce betont, daß man die Tiere in trockenen Flaschen aufbewahren müsse, aber die wenigsten hatten sich an diese Vorschrift gehalten. Die meisten Leute brachten ihre Beute in Schnapsflaschen. Ferda Mestek erklärte, daß diese Exemplare durch den Alkoholgeruch berauscht und für ewig dem Alkoholismus verfallen seien, und er könne keine Säufer in seinem Ensemble brauchen. Andere Verkäufer hatten ihre lebende Ware in Seidlitzpulverschachteln mitgebracht. Diese Tierchen würden ewig an Diarrhöe laborieren, diagnostizierte Mestek und lehnte den Ankauf ab. Die enttäuschten Verkäufer ließen natürlich, da sie das Ungeziefer nicht wieder nach Hause schleppen wollten, dem raffinierten Kaufmann die mühselig zur Strecke gebrachten Tiere umsonst ab.

Eine Dame der Halle brachte in einer ordnungsgemäß trockenen Flasche fünfundzwanzig Stück lebender Flöhe und verlangte ein Schußgeld von zwei Gulden und fünfzig Kreuzer. Nun, so teuer war guter Rat für den zukünftigen Zirkusdirektor nicht. Er stülpte seinen durchsichtigen Kneifer auf die Nase und beguckte mit ostentativem Kopfschütteln die Tierchen, immer eines nach dem anderen: »Mütterchen, wo haben Sie denn die gefangen? Das sind ja lauter Weibchen! Die kann ich nicht brauchen. Weibchen haben einen Hinterleib wie Lippizaner Hengste. Damit können sie nicht springen. Nehmen Sie sie nur gleich wieder mit.«

Die alte Dame war ganz bestürzt und wußte vor Aufregung nicht, ob sie ein Männchen oder ein Weibchen sei. Sie habe die fünfundzwanzig zu Hause gejagt, und dabei gesehen, daß sie springen könnten ...

»Freilich können sie springen. Alle Flöhe und alle Menschen können springen, aber das reicht noch nicht für den Zirkus. Weibliche Flöhe kommen für den Zirkus nicht in Betracht.«

Da konnte die Alte nichts mehr zugunsten der Flöhe sagen und gab nur ihrer ehrlichen Verwunderung Ausdruck, daß sie durchwegs Flöhe des zarten Geschlechtes gefangen habe. Na ja, aber eines sei wahr: An ihrem Manne hätten sich seit je bloß weibliche Wesen festgesetzt und immer nur solche, die nichts taugten. »Könnten Sie mir nicht doch dafür ein paar Kreuzer geben?«

Schließlich erbot sich Ferda Mestek, für den ganzen Wildbestand zehn Kreuzer zu bezahlen, damit die Frau den Weg nicht umsonst zurückgelegt habe. Die Verkäuferin nahm die zehn Kreuzer, Ferda Mestek die fünfundzwanzig schönen Flöhe und lachte sich ins Fäustchen.

Dann kam ein Dienstmädchen mit zwei Flaschen des im Inserate verlangten Inhalts. Sie diene bei Fräulein v. T. und die mitgebrachten Flöhe stammten von dieser Dame. »Vornehme Tierchen«, rekommandierte die Besucherin eifrig, »höchst feudale Tierchen, sie trinken nur blaues Blut ... Ich selbst habe mir eines von ihnen auf den Arm gesetzt – glauben Sie, daß es mich gestochen hätte? Fiel ihm gar nicht ein. Na ja, unser Fräulein ist vom Parfüm umduftet und hat süßes Blut, weil sie immer Cachous lutscht und sich bloß von Konfekt nährt, und ...«

Ferda Mestek schaute die Tiere an. »Die sind ja durch das Parfüm ganz verblödet! Die regen sich gar nicht!«

»Was fällt Ihnen ein«, rief die schlagfertige Donna, »sie schlafen bloß jetzt, da sollten Sie sehen, was die bei Nacht aufführen, die treiben im Bette der Gnädigsten solche Allotria, daß darin niemand ein Auge schließen kann, solche Ludern sind das.«

»Nun, mir ist mit den Tieren nicht geholfen, die so verwöhnt sind, daß sie den ganzen Tag schlafen. Meine größte Einnahmequelle sind doch die Nachmittagsvorstellungen.«

»Also gut«, entgegnete die angebliche Kammerzofe des hochgeborenen Fräuleins von T. und reichte dem präsumptiven Flohbändiger die andere Flasche. »Diese hier sind nicht verweichlicht, das sind nämlich meine eigenen, schauen Sie sich diese einmal ordentlich an, sehen sie nicht aus wie Pinzgauer Pferde, die könnten Sie gleich vor das schwerste Fuhrwerk spannen, so gesund und kräftig sind die, die schütteln mich manchmal am Körper, daß ich geradezu umzukippen drohe.«

Ferda Mestek beeilte sich, galant zu versichern, daß ihm der Inhalt der zweiten Flasche viel besser gefalle und daß er gerne bereit sei, noch einige wilde Flöhe gleicher Provenienz dazuzufangen. Er könne das trefflich, und Buffalo Bill sei gegen ihn ein reiner Stümper in der Kunst des edlen Weidwerkes. Das Mädchen war es zufrieden, aber kaum hatte es die Bluse aufzuknöpfeln begonnen, als Frau Anna auf der Bildfläche erschien. Da wurde der kühne Jäger klein, ganz klein, viel kleiner als ein Floh.

Die nächste Verkäuferin, die ankam, eine Herbergswirtin, brachte das geringste Quantum: nur zwei der Säugetiere aus der Insektenwelt. Aber diese beiden wurden die Protagonistinnen des Mestekschen Flohtheaters: Die zusammen-

CIRCUS
300
weiße Mäuse
erwarten
Ihren Besuch.
Kasse
AUSGA

gewachsenen Zwillinge Lo und Hedda, von denen die ältere schwarze Augen, die jüngere schöne tiefblaue Augen hatte, wie Ferdinand Mestek de Podskal später bei seinen Konferenzen niemals hervorzuheben vergaß.

Als am Abend der Theaterdirektor in spe die Häupter seiner Lieben zählte, sah er, daß es dreihundert waren, er also sich mehr Personal engagiert hatte, als ursprünglich beabsichtigt gewesen war. Aber die Gagen waren klein, die Kräfte gut, und Herr Mestek war sehr zufrieden. Er wollte eben die Stube verlassen, um die Firmatafel vom Haustor abzunehmen, als ein Betrunkener in die Wohnung torkelte, eine Flasche mit Flöhen in der Hand schwingend.

»Die Assentierung ist schon beendet«, wehrte ihn Ferda gleich ab.

Aber der Trunkenbold zog nicht ab. »Mensch«, schrie er, »Mensch, ich habe fünfundachtzig gefangen, dafür habe ich acht Gulden und fünfzig Kreuzer zu kriegen. Ich lasse sie Ihnen um acht Gulden, da machen Sie ein Bombengeschäft.«

»Zu spät, lieber Freund.«

»Menschenkind, ich habe die ganze Nacht gejagt, bevor ich die Kompagnie beisammen hatte, hundertmal mußte ich mir Kraft antrinken, und nun verschmähen Sie meine Soldaten!? Sie müssen sie anwerben, Sie haben inseriert.«

»Wären Sie früher gekommen.«

Der Schnapsbruder begann zu brüllen, das sei Betrug, er habe geschuftet und müsse eine Entschädigung haben, wenigstens einen Gulden, sonst schlage er alles kurz und klein.

»Nicht einen Kreuzer«, mischte sich die Frau Anna ins Gespräch.

»Halten Sie das Maul«, brüllte der bezechte Kerl, »und

mischen Sie sich nicht in Geschäftsangelegenheiten, die ich mit dem Herrn Direktor abzuwickeln habe, Sie blöde Vettel!«

Da packte Frau Anna resolut den Beleidiger und wollte ihn aus der Stube drängen. Das gelang ihr, aber sie konnte nicht verhindern, daß der Betrunkene die Flasche mit Wucht auf den Fußboden schleuderte. Das Glas zersprang und die Kompagnie desertierte nach allen Windrichtungen, eine Flohhatz begann, gegen die jene des gottseligen Johannes Fischart ein Idyll war, aber das Weib siegte auch hier: Frau Anna fing die Mehrzahl der Tachenierer unter ihren Rökken.

Der zukünftige Dompteur schied nun aus der Truppe einige Sandflöhe und einige Hundeflöhe aus, die er bei dem Massenandrang nicht als solche minderwertige Exemplare erkannt hatte, teilte die Truppe in Solo-, in Orchester- und in Chormitglieder ein, widmete eine Flasche zum Aufenthaltsorte für die Komparserie und begann nun die Fütterung und Dressur der kleinen Raubtiere.

Man weiß, daß schon die Mitglieder eines Menschentheaters schwer zu behandeln sind. Was will das aber gegen ein Personal besagen, das durchwegs dem Geschlechte der Pulicidae irritans entstammt! Das ist erst recht ein sprunghaftes, ein bissiges Bühnenvölkchen von geradezu blutsaugerischer Natur, es gibt keinen Menschen, den es mit seinen Sticheleien verschonen würde, und ist dem Trunke ergeben. Aber Direktor de Mestek verstand es, mit ihnen umzugehen.

Zuerst ging er an die Fütterung. Er schüttelte die Flöhe in eine Flasche, in der unten trockene Sägespäne waren und die oben einen breiten Hals hatte. Diese weite Öffnung wurde mit der flachen Hand verschlossen, dann stülpte man die Flasche vorsichtig um, und die kleinen Raubtiere begannen buchstäblich aus der Hand zu fressen. Mit ihrem Saugrüssel bissen sie sich auf der Handfläche fest und ließen nicht eher los, als bis sie sich vollgetrunken hatten. Dann fielen sie mit Hinterlassung eines blutigen Stiches wieder auf ihr Himmelbett aus Sägespänen zurück.

Wenn die Fütterung vorüber war, kamen die Künstler in ein anderes Gefäß, das der Direktor als »Probebühne« bezeichnete. Es war dies eine flache Glasglocke, so flach, daß sich die Tiere unbedingt anschlagen mußten, wenn sie ihrem Trieb des Springens hätten freien Lauf lassen wollen.

»Ich werde den Biestern das Springen schon abgewöhnen«, brummte Mestek grimmig in seinen Bart, wenn er sie in die niedrige Zelle einsperrte. »Ich kann doch den Kerlen nicht nachspringen. So klein sie sind, so hoch springen sie. Wenn die so groß wären wie Hunde – bei meiner Seele, die würden den Pulverturm überspringen.«

Nach einigen Tagen begann die Einkleidung. Mit einer leicht befeuchteten Schaufel kleinster Dimension hob der Dompteur je eines der vollgefressenen Tierchen aus der Flasche, nahm es vorsichtig zwischen zwei Finger der linken Hand, während er in der rechten Hand eine Fangrute lauernd bereit hielt. Eine winzige Schlinge aus versilbertem Kupferdraht, die an einer langen Nadel befestigt war. Begann sich nun der Floh aus der Umarmung der Finger herauszuarbeiten, warf ihm Ferda mit der Virtuosität eines Cowboys das drahtene Lasso um den Hals, zog vorsichtig mit einer Pinzette die Schlinge oberhalb des Saugrüssels zu und das kleine Raubtier war für den Rest seines Lebens festgeschmiedet, wie die lebenslänglich Verurteilten in der sibirischen Katorga an ihre Ketten: Ferda Mestek konnte sein Personal im wahrsten Sinne des Wortes im Zaume halten.

Nun wurden die Rollen verteilt. Einige Tierchen wurden vor die kleinen Karossen und Omnibusse gespannt. Andere (die Kanoniere) am Fuß der Lafetten befestigt. Einem guten Schüttelreim zufolge, ist »ein Sattel für den Steiß der Mükke das Meisterstück der Meisterstücke«. Ein nicht Geringeres vollbrachte Mestek, als er seinen Reitflöhen Sättel anschmiedete.

Die beiden Duellanten – diese Nummer, die zum Repertoire aller ernsteren Flohtheater der zivilisierten Welt gehört, ist von Ferda Mestek de Podskal erfunden – erhielten ihre kleinen Papiersäbel, die sie sich aus der »Hand« zu schlagen hatten.

Die zierlichen Damen erhielten Ballettröcke aus Seidenpapier und eine von diesen sogar einen verkehrten Ballettrock, so daß es aussah, als ob sie auf dem Kopfe tanze, was Ferda Mestek auch mit Vehemenz behauptete. Einen anderen Regietrick mußte er anwenden, weil die zu Zugtieren bestimmten Viecher ihre Vehikel nicht ziehen wollten. Er versuchte es, unter der dünnen Tischplatte einen Hufeisenmagneten zu bewegen, und richtig: die kleinen Wagen schoben sich vorwärts samt dem Zaumzeug aus festem Draht und samt den eingespannten Flöhen. Und es sah wirklich so aus, als ob die Flöhe die Equipagen zögen. Bei den Vorstellungen konnte er das Publikum maßlos in Erstaunen setzen, wenn auf seinen Befehl die kleinen Fahrzeuge im Zickzack fuhren, wenn die Zugtiere aus der Insektenwelt auf das Kommando »Halt« stehenblieben, und die Avisi

»Rechts« oder »Links« strikte befolgten. Wer konnte denn ahnen, daß unter dem Tisch ein Gassenjunge sitze mit einem Hufeisenmagneten in der Hand? Da war es doch viel wahrscheinlicher, daß die gebändigten Flöhe mit einer unerhörten Intelligenz begabt und auf jeden Wink ihres Herrn dressiert seien! [1920]

Hugo Hartung
Sulamith, das blaue Weib
(Jugendverbot)

Am Schwarzen Brett hing eine Ausschreibung, daß noch einige männliche und weibliche Studenten als Rekommandeure für das Oktoberfest 1923 gebraucht würden.

»Was ist denn das?« fragte Wera.

»Ich weiß auch nicht«, antwortete ich, meinte aber, das Wort klänge recht seriös verwaltungsmäßig.

Als wir uns bei der Festleitung auf der Theresienwiese meldeten, wurde uns erklärt, daß »Rekommandeure« Anreißer vor den Schaubuden seien und daß man dafür Erfahrung besitzen und zu reden verstehen müsse. Uns verschlug's die Rede. Aber weil wir kein Geld hatten, gingen wir zu einem Unternehmen, bei dem noch irgendwelche Statistenstellen frei sein sollten.

Wir fanden eine langgestreckte Bude, auf deren Wände neben kakaobraune Muskelmänner verführerisch entkleidete Mädchen in Seifenfarben gemalt waren – ein Jahrzehnt später wurde so etwas zur offiziellen Staatskunst. Quer über die Schaubude lief ein von roten elektrischen Glühbirnen eingefaßtes Schild »Kraft und Schönheit«, und auf einem angelehnten Plakat stand das Programm zu lesen: »Original Tarzan, der Urwaldmensch«, »Sulamith, das blaue Weib (Jugendverbot)«, »Breithaupt, der Eisenkönig«, »Bimbo und Bombo, die lustigen Vagabunden«, »Orientalische Haremsnächte ? ? ? (Pikant, spannend, erregend! Nur abends!)«

»Da gehen wir nicht rein«, entschied ich.

»Ich geh' doch rein«, sagte Wera.

Sie ging um die Bude herum, und ich folgte ihr in einem kleinen Abstand. In einem sauber gehaltenen Wagen sahen wir einen mürrischen Mann an einem Klapptisch sitzen und eine Kalbshaxe benagen.

»Was wollt ihr denn?« fragte er, der sich offensichtlich in seinem Genuß gestört fühlte.

Mir lief das Wasser im Munde zusammen.

»Die Festwiesenleitung hat uns zu Ihnen geschickt, Herr Direktor – –«, sagte meine Baronesse traditionsbewußt leutselig.

»Untermüller«, knurrte der Haxenmann, wobei er Wera von oben bis unten mit seinen Blicken abschätzte. »Dich könnt ich vielleicht noch jebrauchen! Zieh dir später mal den Fummel an!«

»Was müßte ich denn bei Ihnen machen?«

»Jarnischt! Dich rausstellen und 'n bißken mit'm Popo wackeln.«

Jetzt kam mir für Wera der Adelsstolz hoch, den sie so schmählich vermissen ließ.

»Fräulein Wera entstammt einem berühmten Adelsgeschlecht«, trumpfte ich auf, während sie mir tödliche Blicke zuschleuderte.

»Na und?« fragte Untermüller ungerührt. »Deswegen hat

se doch alles an dieselbe Stelle wie andere Mächens auch. Und was die Beriehmtheit anjeht – als Bimbo bin ick selber beriehmt jenug!«

Das also war einer von den »lustigen Vagabunden«. Ich hatte genug von seinem Humor. Am liebsten wäre ich fortgerannt. Ich war des Oktoberfests, dieser ganzen abscheulichen Zeit und vielleicht sogar meines Lebens überdrüssig. Und Hunger hatte ich auch.

Aber Wera flehte mit ihren Melusinen- und Baronessenaugen so bewegend für meine Mitverwendung, daß ich zu feige war, eine feige Flucht zu wagen. Während sie sich im Nachbarwagen bei Frau Untermüller umzog, mußte ich mich, auf Herrn Untermüllers Befehl, meines Jacketts und Hemds entledigen und versuchte, aus meiner Brust und den Oberarmen herauszudrücken, was nur irgend ging. Untermüller aber faßte mit seinen fettigen Kalbshaxenfingern sachkundig nach meinen Armmuskeln und schüttelte den Kopf.

»Bedeck dir mal wieder, eh das Frollein kommt!« sagte er, »als Kraftmensch kann ick dir beim besten Willen nich loofen lassen. Student, na ja ...«

Seine Stimme klang ehrlich mitleidig, als er das sagte. Doch als er mir ein Päckchen Milliardenscheine in die Hand drückte und mich aufforderte: »Jeh wenigstens mal ordentlich frühstücken«, wallten gekränkter Stolz und akademisches Ehrgefühl in mir hoch.

In diesem Augenblick trat Wera wieder ein.

Sie hatte etwas Unmögliches an. Das Kostüm sah zwar peinlich sauber aus, aber das dünne Flitterzeug war vielfach geflickt und verschossen und mochte in einer Ausstattungsrevue seine Dienste erfüllt haben, ehe es über den Trödler in die Schaubude gekommen war. Seine Pikanterie erstreckte sich im wesentlichen auf die Beine. Obenherum war alles anständig geschlossen. Auf dem Haupte trug meine Baronesse ein wackelndes Gebilde aus geknickten Straußenfedern.

»Scheen!« sagte Herr Untermüller verklärt und machte ein Gesicht, wie er es sonst gegen Bezahlung als lustiger Vagabund machen mochte. »Da kannste sogar die Haremsnächte mitmachen.«

»Nein!« rief ich entsetzt.

»Is ja so harmlos, Junge«, sagte Untermüller beruhigend. »Guck dir's am Abend mal an.«

Ich weiß nicht, warum mir der Schaubudendirektor jetzt weniger unsympathisch vorkam. Vielleicht lag es mit an seiner redlichen, stockheiseren Stimme. Jedenfalls behielt ich das Geld, das er mir in die Hand gedrückt hatte, und da auch Wera ihr sogenanntes Handgeld empfing, machten wir uns auf, unsere hungrigen Mägen zu füllen. Vom unverhofft empfangenen Lohn tollkühn geworden, kauften wir ein Brathuhn und nahmen es in ein Bräuzelt mit, wo wir uns eine Maß des starken Wiesenbiers bestellten.

Um die Mittagsstunde war es in den Zelten noch fast leer, und wir saßen allein an einem langen Tisch. Das schwere Bier stimmte uns träge und friedlich. Ich hängte Wera ein Lebkuchenherz mit der Zuckergußaufschrift »Aus Liebe« um den Hals, und sie küßte mich dafür, von der dicken Bräukellnerin mit ermunternder Zustimmung bedacht.

Da am Nachmittag die Sonne durchkam, ein föhnig leuchtendes Blau am Himmel erschien, die Wiese sich mit Kindern belebte und die ersten Karusselle zu dudeln begannen, ließen wir uns genüßlich durch die bunte Vergnügungsstadt treiben. Die tatkräftige Wera zog mich noch mal zur Festwiesenleitung, um eine andere Anstellungsmöglichkeit für mich zu erkunden.

»Mög'n S' an' Türken machen?« fragte mich der joviale Mann im Verwaltungszelt. »Sie ham Glück. Eahnern Vorgänger hat da Schlag troffen.«

Ich gestand, daß ich weder türkisch sprechen noch Muskeln zur Schau stellen könne. Meine mittäglichen Erfahrungen hatten mir den Mut genommen. Aber als sich herausstellte, daß ich in einer Bude türkischen Honig verkaufen müsse, meinte ich, dieser Aufgabe gewachsen zu sein.

Wir begannen beide unsere Tätigkeit um vier Uhr nachmittags. Während meine Baronesse im Wagen von Frau Untermüller als ausgeblichenes Revuegirl aufgezäumt wurde, band man mir eine weiße Schürze um, und eine dicke Frau mit einem Schnurrbärtchen auf der Oberlippe lehrte mich, von einem Block süßes, klebriges Zeug abzuschaben und es so aufs Papier zu garnieren, daß es »nach vui« aussah, aber eben doch nicht zuviel war.

Mein Geschäft ging mäßig, wie denn überhaupt dieses Oktoberfest am Ende der Inflationszeit kein glanzvolles Ereignis war. Aber es gab doch um mich herum eine Fülle von Licht, Lärm und Gelächter. Nach fünf Stunden ungewohnten Stehens verkaufte ich meinen türkischen Honig immer mechanischer. In seinen Farben fand ich Erinnerungen an Paolo Veronese, wie ich ihn aus der Kunstgeschichte kannte, und ich wurde von einem Gefühl heftiger Eifersucht bewegt, als ich daran dachte, daß Wera jetzt in der schrecklichen Abendnummer mit den fragwürdigen Fragezeichen mitwirken müsse.

Bei so widersprechenden Empfindungen vergaß ich die Mahnungen meiner Chefin, und als bei der Abrechnung der Honigblock nachgemessen und meine Einnahmen gezählt wurden, errechnete sie eine Unterbilanz, die sie von meinem vereinbarten Lohn abzog. Mit einigen kümmerlichen Milliarden schlich ich mich davon, fest entschlossen, die Stellung aufzugeben. Ich wollte nicht auch noch, wie mein Vorgänger, aus Ärger vom Schlag getroffen werden.

»Was macht ihr denn in der Nummer mit den Fragezeichen?« fragte ich Wera, als ich sie von Herrn Untermüllers Schaubude abholte.

»Sieh dir das Programm an«, antwortete sie.

Ich tat es am nächsten Abend, an dem ich ja nun selbst stellungslos geworden war. Ich fand mich vor dem Etablissement »Kraft und Schönheit« ein, nachdem ich schon von weitem Herrn Untermüllers heisere Stimme hatte über den Platz schallen hören. In einer Fülle bunten Lichts flimmerten und glitzerten die Kostüme von vier Orientalinnen im Paillettenglanz und fanden die Bewunderung der vor dem Bretterpodium versammelten Zuschauer. Wera, die für landläufige Münchner Bürgerbegriffe zu mager sein mochte, sah für mich wie eine richtige Prinzessin aus. Ich fühlte mich geehrt, als sie mir mit einem Auge zublinzelte.

Das Programm war seine paar Milliarden Eintrittsgeld wert. Herr Untermüller, in einem Leopardenfell als Tarzan kostümiert, mit klirrenden Medaillen auf der Brust, stemmte unerhörte Gewichte, und die Muskelberglandschaft seiner Arme ließ Frauen erschauern. Dagegen war Herr Breithaupt ein erstaunlich dünnes, drahtiges Männchen, das gleichmütig Eisenketten zerbiß und Nägel fraß. Wenn es nach der Währungsumstellung wieder harte Münzen gebe, prahlte er, mache er sich anheischig, auch solche zwischen den Fingerknöcheln zusammenzubiegen.

In Erwartung der fragwürdigen Haremsnummer pochte mir das Herz. Von Herrn Untermüller im Frack angesagt, gab es eine kleine Kunstpause der Vorbereitungen, in der er einige Kissen in abscheulichen Farben und goldbronzierte Vasen mit Pfauenfedern dekorativ auf der Bühne verteilte. Dann ging das Licht aus – es blieb eine Weile dunkel –, und als es wieder brannte, war es rot. In schwüler orientalischer Dämmerung stand Wera mit ihren drei Kolleginnen in den Posen von Vertikownippes auf der Bühne. Die Mädchen trugen lange, seidene Pluderhosen und paillettenbenähte Büstenhalter.

»Der Traum des Kalifen«, flüsterte Herr Untermüller heiser diskret, während hinten jemand auf einen Gong schlug.

»Des Sultans Lieblingsfrau«: eins der Mädchen lag anmutig auf den Kissen, und die drei anderen waren im Blumenstreuen erstarrt. Wera spreizte die Finger, als ob sie Kakteen streute. So ging es weiter mit »Die Tausendunderste Nacht« und »Das Geheimnis von Bagdad« bis zur Abschlußnummer »Süße Sünden«, bei der die holden Orientalinnen Sahnebonbons in den Zuschauerraum warfen. Mich traf einer, sehr hart gezielt, ins rechte Auge. Natürlich kam er von Wera ...

Als wir Arm in Arm die Festwiese verließen, waren die großen Bogenlampen schon erloschen, aber der Vollmond stand hell über dieser wunderlichen Stadt aus Pappe und Leinwand, die nun schlafen ging. Hinter dem Zirkus schnoberten in einem Gehege Ponys und ließen sich von Wera das Fell kraulen. Wo die Wiese noch wirkliche Wiese war, lag Reif auf ihr.

»Na, wie hab' ich dir als Haremsdame gefallen?« fragte Wera.

»Anschauungsunterricht für Grundschulklassen!« antwortete ich.

»War ich nicht doch ein bißchen verworfen?«

»Als Baronesse bist du's viel mehr!«

»Gott sei Dank, daß der Sahnebonbon saß!«

Ich hatte sie wieder lieb wie eh und je und wußte, daß wir uns nie trennen würden.

Die letzten Oktoberfesttage wurden für meine Freundin eine rechte Qual; denn es wurde herbstlich kühl, und die armen Mädels froren in ihrem dünnen Revueplunder auf dem Podium. Zuletzt mußte Wera sogar die Lieblingsfrau vertreten, weil diese in den »Haremsnächten« erbärmlich hustete und nieste. Ich bewunderte das tapfere Ausharren meiner kleinen Baronesse.

Als ich am Nachmittag des letzten Wiesensonntags noch einmal vor der Bude »Kraft und Schönheit« stand, klopfte mir jemand von hinten auf die Schulter. Als ich mich umdrehte, erkannte ich meinen theaterwissenschaftlichen Professor Artur Kutscher mit zwei kleinen Töchtern an der Hand. Kennerischen Blicks verfolgte er die Bewegungen und Tiraden des Direktors Untermüller.

»Mimus, junger Freund«, sagte er, indem er den Zeigefinger hob und die Unterlippe ein wenig herabschob. »Frank Wedekind hätte seine Freude daran gehabt.«

Um Weras willen hatte ich keine mehr, weil es so bitter kalt war.

[1923]

Georg Britting
Oktoberfest

Das Orgeln der Karusselle
Läutet den Abend ein.
Azetylenlampenschein.
Der sichlige Mond ist zur Stelle –
Da schnattert der Klang der Schelle
Wie Glöcklein und klapperndes Bein
Durch die blutige Helle.

[1927]

Karl Valentin
Oktoberfest 1927

Laukühl säuselt schon der Herbstwind durch die Münchner Luft – es herbstelt – welch trauriges saudummes Wort – beim Frühling wäre es noch dümmer, da hieße es: frühlingelt. – – –

Um wieder auf das Oktoberfest zurückzukommen. Schon raste langsam die Zeit des beginnenden Oktoberfestanfanges herbei und die Eröffnung ließ nicht mehr lange auf sich warten. Eine große Neuheit bringt uns heuer das Fest – eine große Bude, ähnlich einem Theater mit vielen Sitzplätzen zum Sitzen und ebensolchen Stehplätzen. Statt der Bühne ist dort eine schneeweiße Leinwand aufgespannt. Auf ein Glockenzeichen wird es im Inneren der Bude dunkel, fast finster und auf dieser Leinwand erscheint ein photographisches Bild. Das Publikum ist nicht wenig erstaunt und traut kaum seinen eigenen Augen, als sich das Bild bewegt, es sind das die sog. lebenden Bilder, die heuer auf der Festwiese zu sehen sind. Einen Schnellzug sieht man zum Beispiel von weiter Ferne auf dieser Leinwand immer näher und näher kommen. Er wird immer größer und größer. Die dampfende Lokomotive kommt immer schneller gegen das Publikum heran. Das Publikum wird schon unruhig. Der Expreß scheint in den Zuschauerraum direkt hineinzufahren. – – Jetzt – !!!! – – – ein heller Schrei im Theater und – o nein! es war nur eine optische Täuschung und die ganze Aufregung zerfällt in ein schallendes Gelächter. Von der Erfindung soll heute noch nicht viel verraten sein. Die rätselhafte Wirkung soll durch einen schmalen Celluloidstreifen hervorgebracht werden, der unzählige winzige Photographien besitzt und durch eine Art Laterna magica läuft. – Der Erfinder namens Edintochter benennt seine Entdeckung Kinomatt-o! Graf –. – – – Josef Steininger aus Haidhausen erbaute heuer mit Aufwand riesiger Geldsummen ein Stekkerlfisch-Krematorium vor dem Terrain der Fischer-Vroni. Nicht weniger als 200 Packeln Holzbügelkohlen à 40 Pfg. verschlingt dieser Betrieb in 14 Tagen. Mit dem Hinausfahren der 60 eisernen Spieße auf welchen die Isar-Haie aufgespießt werden, wurde vorige Woche begonnen. Die Fische werden einzeln oder gebacken verkauft –.

Auch im Zeichen der Technik ist heuer Neues vertreten und wird von den jungen Kindern mit großem Interesse begrüßt werden. Es ist eine um eine horizontal stehende drehende Achse sich mitdrehende Scheibe oder rundes Podium, auf welchem kleine geschnitzte Holzpferde befestigt sind: auf diese Holzpferdchen setzen sich die zahlenden Kinder hinauf und unter den Klängen »Ich hab mein Herz in Heidelberg verloren« fahren die Kinder ein dutzendmal im Kreise herum. Diese Karusselle hat man auf früheren Oktoberfesten und Dulten schon oft gesehen. Am Hauptsonntag nachmittag 3 Uhr findet statt dem üblichen Pferderennen ein Ameisenrennen mit Hindernissen statt. Die neue Achterbahn, auf die sich schon unzählige freuen, wird leider nach Beendigung des heurigen Oktoberfestes abgebrochen werden. Es würde zu weit führen, alle Neuig- und Altigkeiten hier aufzuführen. Nur eins steht fest, um wieder auf den Herbst zurückzukommen, er nimmt uns vieles, aber er bringt uns auch unser schönes Oktoberfest. Mir gegenüber hat der Herbst noch einen Vorzug. Ich sehe nämlich von meinem Fenster direkt auf eine Kirchturmuhr, wodurch ich mir natürlich das Hinschauen auf meine Taschenuhr ersparen kann. Leider ist mir dieses auf die Turmuhrschauen nicht immer vergönnt, denn zwischen meinem Fenster und dem Kirchturm steht ein großer Alleebaum, und sobald es Frühling wird, beblättert sich der Alleebaum und ich sehe nicht mehr auf die Turmuhr. Sämtliche Eingaben an den Magistrat um Entfernung dieses Baumes waren umsonst, ich sann hin und her um mir die Aussicht auf die Turmuhr zu ermöglichen, griff zuletzt zu meinem Jagdgewehr, um sämtliche Blätter herunterzuschießen. Ich war nahe daran, in einer Nacht den Baum mit einer Baumsäge zu fällen. Aber nachts arbeite ich nicht. Ein Freund gab mir den Rat, heimlich die Wurzeln des Baumes mit einigen Litern Schwefelsäure zu begießen, ich tat es auch und konnte nun deutlich beobachten, wie mitten in der schönsten Frühlingsblüte das Sterben der Blätter eintrat. Der Baum stand kahl da wie im Winter. Aber leider nicht der richtige, denn in der Aufregung habe ich die Wurzeln des nebenstehenden Baumes begossen, also den verkehrten. Dieser Baum war kaputt und mußte entfernt werden. Jetzt wäre natürlich freie Aussicht auf den Turm gewesen, wenn das der richtige Baum gewesen wäre. Der aussichtsraubende Baum stand baumfest noch vor meinem Fenster. Was tun? Entweder den störenden Baum zu entfernen, oder eine andere Wohnung nehmen. Sollte das nicht ausführlich sein, so bleibt nichts anderes übrig, als alle Jahre den 21. September kommen zu lassen, das ist des Herbstes Anfang, der die Blätter nimmt und mir den Ausblick auf die Kirchturmuhr wieder ermöglicht, bis zum 21. März, dem Frühlingsanfang. Von diesem Tage an benütze ich wieder meine Taschenuhr.

[1927]

Joachim Ringelnatz
Die Riesendame der Oktoberwiese

Die Zeltwand spaltete sich weit,
Und eine ungeheure Glocke wuchtete
Herein. »Emmy, das größte Wunder unsrer Zeit!«
Dort, wo der Hängerock am Halse buchtete,
Dort bot sich triefenden Quartanerlüsten
Die Lavamasse von alpinen Brüsten,
Die majestätisch auseinanderfloß.
»Emmy, der weibliche Koloß.«
Hilflose Vorderschinken hingen
Herunter, die in Würstchen übergingen.
Und als sie langsam wendete: – Oho! –
Da zeigte sich der Vollbegriff Popo
In schweren erzgegoßnen Wolkenmassen.

»Nicht anfassen!«
Und flüchtig unter hochgerafften Segeln
Sah man der Oberschenkel Säulenpracht.
Da war es aus. Da wurde gell gelacht.
Ich wußte jeden Witz zu überflegeln,
Und jeder Beifall stärkte meinen Schwung.
Die Dicke schwieg. Ich gab die Vorstellung.

Besonders lachten selbst recht runde Leute.
Ich wartete, bis sich das Volk zerstreute.

Nacht war es worden. Emmy ließ sich dort,
Wo sie gestanden, dumpf zum Nachtmahl nieder.
Sie schlang mit Gier, doch regte kaum die Glieder.
»Sag, Emmy, würdest du ein gutes Wort,
Das keinen Witz und keine Neugier hat,
Von einem, der dich tief betrauert, hören?«
Sie sah nicht auf. Sie nickte kurz und matt:
»Nur zu! Beim Essen kann mich gar nichts stören.«

»Emmy! Du armes Wunderwerk der Zeit!
Du trittst dich selbst mit ordinären Reden,
Mit eingelerntem hohlen Vortrag breit.
Du läßt die schlimme Masse deines Fettes
Von jedem Buben, jeder Dirne kneten.
Man kann den Scherz vom Umfang deines Bettes,
Der Badewanne bis zum Ekel spinnen.
Und so tat ich. Und konnte nicht von hinnen.
Ich dachte mich beschämt in dich hinein.
Es müßte doch in dir, in deinem Leben
Sich irgendwo das Schmerzgefühl ergeben:

Ein Dasein lang nicht Mensch noch Tier zu sein!«
Hier hielt ich inne, dachte zaghaft nach.
Bis ein Geräusch am Eingang unterbrach.
Es nahte sich mit wohlgebornen Schritten
Der Elefant vom Nachbarzelt
Und sagte: »Emmy, schwerste Frau der Welt,
Darf ich um einen kleinen Beischlaf bitten?«

Diskret entweichend konnte ich noch hören:
»Nur zu! Beim Essen kann mich gar nichts stören.«

[1928]

Joachim Ringelnatz
Schneiderhüpfl vor dem Ochsen am Spieß

Ein Maß Bier und zwei Maß Bier
Und hundert Maß Bier und tausend Maß Bier.
So leben wir, so leben wir
An der Isar.
Und Kalbshaxn und Kalbshaxn.
Wir sind keine Preußen, wir sind keine Sachsen.
Wir sind keine Spießer.
Wir sind Genießer.

Oktoberfest im Mai, im August,
Oktober zu jeder Zeit.
Wir sind uns unserer selbst bewußt
Und jodeln aus herziger Brust:
»Immer kampfbereit!«

Wir sind urwüchsig und frei.
Wir sind international gesinnt.
Un, zwo, trois, gsuffa!
Es lebe unsere Polizei!
Wer unsere Behörden nicht liebt,
Der spinnt.
Wir sind tolerant.
Die preußischen Sauerein
Sind uns bekannt.
Kommt zum Oktoberfest!
Unterstützt unsere Brauerein!
Himmel Herrgott Sakrament!

[1928]

Ernst Hoferichter
Die Hinrichtung

So schnell werden diese schönen Zeiten nicht mehr wiederkehren, in denen nicht nur das Leben, sondern auch das Sterben eine wahre Freude war. Ja, und in München hatte es sich ereignet, daß vierzehn Tage lang auf der Theresienwiese regelrechte Hinrichtungen mit Musikbegleitung und bengalischer Beleuchtung stattfanden. Und dazu warf Bayerns Schutzfrau Bavaria ihr bronzenes Lächeln mit gußeisernem Augenaufschlag ohne Gruseln freundlichst auf diese musikalische Richtstätte herab.

Sie lag inmitten von Heringsbratereien, Blitzlichtphotographen, Schiffsschaukeln und Lebkuchenständen. Ihr gegenüber stand der Feenpalast mit der Dame ohne Unterleib und die Amerikanische Schneeflockenfabrik. Äußerlich war nur die mit rotem Samt und Spiegeln ausstaffierte Kasse zu sehen, die Musikkapelle mit ihren Blechinstrumenten und die auf Leinwand gemalten Geisterbeschwörungen ...

Die Glocke bimmelte über dem Plakat mit den Eintrittspreisen. Der Direktor und Scharfrichter dieses »blutrünstigen« Unternehmens trat im Frack und mit Zylinder zwischen die Kassendame und den Mann mit der großen Trommel. Sein Name war in München bekannter als der Karls des Großen. Er hieß August Schichtl und wurde von den Münchener Schulkindern zusammen mit dem Erfinder des Pulvers und der Buchdruckerpresse genannt. Schon zu seinen Lebzeiten umschwebte ihn Unsterblichkeit.

An seiner weißen Weste schaukelte bedeutungsvoll das silberne Charivari wie ein Dezimalwaagengewicht. Löwenzähne und Pantherkrallen hingen friedlich neben bayerischen Tauf- und Firmungstalern. Sein Haar war weiß wie eine Bettvorlage aus Eisbärenfell. Und aus seinem Brustkasten stiegen die Baßtöne gleich einem Oratorium hervor. Das klang, als hätte man in Orgelpfeifen Bier gegossen. Jetzt sprach er zu seinem Volke, zu den Münchnern. Summend und brummend aneinandergeschoben standen die Massen vor seinem Zelte.

Zunächst stellte er dem P. P. Publikum seine Gehilfen und Gehilfinnen vor, die der Reihe nach neben der Musikkapelle Aufstellung genommen hatten. Da war der Schlangenmensch Wumba, die medial veranlagte Dame aus der Auer Quellengasse, der König der Prärie von Neu-Giesing als Feuerfresser – und der Verwandlungskünstler in seinen neuesten Charakterköpfen als Graf Zeppelin, Ernst von Possart, Raubmörder Schmid, General Stössel und Rennfahrer Strobl ...

Und nun kam er auf die Hinrichtung zu sprechen. Den ganzen grausigen Vorgang, wie er drinnen in der Bude zu sehen war, schilderte er mit verheißungsvollen Worten. Und das Volk erhob sich dabei höher auf die Zehen, ließ die Augäpfel noch weiter heraushängen und bekam Trockenheit in den Gaumen wie auf Gurgelwasser. »Jedermann kann sich von mir hinrichten lassen – gegen ein Eintrittsgeld von zehn Pfennig auf dem letzten Platz ...! Die Prozedur findet auf einem lebensgroßen Schafott statt, das mir die Gefängnisverwaltung von Stadelheim für meine Hinrichtungen leihweise freundlichst überlassen hat. Hereinspaziert! Vorher sehen Sie noch als letzten Kunstgenuß vor Ihrem Tode die weltberühmten Attraktionen ...! Der Kopf und der abgetrennte Rumpf des Enthaupteten wird noch warm und mit echtem Blut versehen den Besuchern meiner Hinrichtungen vorgezeigt. Sachverständige, Metzger und Mediziner, können sich zwanglos zu mir auf das Podium begeben und sich mit Kennerblick von der Echtheit des Vorganges überzeugen ... Hereinspaziert! Zehn Pfennig ist der Eintritt auf dem letzten Platz. Zum Schluß wird dem Enthaupteten von mir eigenhändig der Kopf wieder aufgeleimt ... Ausschluß von Verwechslung der Köpfe garantiert ... Doppelte Buchführung ...! Kinder und Erwachsene vom Feldwebel abwärts zahlen auf den Sitzplätzen die Hälfte ... Hereinspaziert ...!«

Drinnen war es dämmerig wie in einer geschlossenen Gemäldegalerie. Der Herbstwind platschte an die Zeltwände, und zwischen den Sitzbänken wuchs Gras und Kamille.

Hexereien, Zaubereien und Viechereien standen an der Spitze des Programms. Papa Schichtls Famulus, ein spitzohriger Zwerg in Tamburuniform, verschwand in einem

Kleiderkasten, Münchner Vorstadtdamen umschwebten als lächelnde und fächelnde Feen einen Zaubergarten mit aufgemalten Fliegenschwämmen und orientalischen Springbrunnen, und Harras, der Kettensprenger und Entfesselungskünstler, befreite sich aus Original-Irrenhauszwangsjacken.

Und dann kam die Pause. Die war aber nicht leer; denn sie gehörte zur seelischen Vorbereitung auf die nun folgende Hinrichtung. Und jeder Besucher füllte sie mit vibrierender Freude und Erwartung aus.

Ein Klingelzeichen – und der Vorhang schwebte wie eine Taube empor. Die Kapelle spielte unter Führung des Bombardons den Trauermarsch von Chopin. Und alle Anwesenden mußten dabei sogleich an Veteranenvereine und Grabreden denken ... Jetzt erhellte eine zuckende Bogenlampe die Bühne wie ein Sonnenbad. Und man sah nun wahrhaft ein Schafott aufgebaut, das war schwarz umrandet wie eine Todesanzeige. Alle sagten, daß es echt sei, weil es genau so ausschaut wie die Abbildungen in den illustrierten Zeitungen anläßlich der Hinrichtung eines Massenmörders. Das Fallbeil glänzte so neu, als wäre es gerade mit der Venus-Putzpomade frisch aufpoliert worden.

Papa Schichtl trat vor das Mordinstrument. Er bat das Publikum – es möchte sich irgend jemand von den verehrten Anwesenden freundlichst köpfen lassen. Er werde ihn eine kleine Weile vom Diesseits ins Jenseits befördern, schmerzlos wie mit Lachgas – und dann unter Garantie das Haupt wieder an den Rumpf leimen. Sollte er dazu nicht fähig sein, so wolle er gerne den Angehörigen seines Opfers den doppelten Betrag des Eintrittsgeldes an der Kasse zurückzahlen.

Alle saßen einen Augenblick lang wie vor den Türen zur vierten Dimension da. Was soll der noch fürchten, der den Tod nicht fürchtet, dachte eben ein Gymnasiast und wollte diesen Ausspruch Kosinskys in eigener Person vor allen Anwesenden demonstrieren, als er gerade noch daran dachte, daß er ja dann die Hinrichtung selbst, derentwegen er das Eintrittsgeld bezahlt hatte, nicht sehen könnte. Und unauffällig schob er den bereits vorgesetzten Fuß wieder unter die Bank.

Und im selben Augenblick erhob sich vom Stehplatz her ein heimlicher Märtyrer mit ausrasiertem Genick und blauunterlaufenem Auge. Er war Stammgast in einer Wirtschaft im Tal und pflasterte manche Straße seiner Vaterstadt mit eigenen Händen ... Jetzt schritt er hinauf zum Blutgerüst. Er fühlte alle Blicke der Anwesenden wie warmes Wasser über seinen Rücken laufen. Er war der Held, der aus der Masse aufstand, um das Werk, das große, zu schaffen ...

Die Musik wiederholte den Trauermarsch. Und da er sich jetzt auf dieses Opfer bezog, bekam er erst Sinn und Zweck. Der Mann aus dem Volk zog seinen Rock aus und hing ihn über den Kopf eines posaunenblasenden Bronzeengels. Von zwei Herren aus dem Orchestersitz wurde er auf das Schafott gebunden. Über seinem entblößten Hals schwebte das Fallbeil. Alle Blicke gingen starr zwischen diesem Messer und dem Kopfe des Mannes hin und her. Trommelwirbel setzte ein, aber da wurde das Gerüst im letzten Moment mit einem schwarzen Tuch verhängt. Alles ließ enttäuscht die Augäpfel zurückschnellen. Viele dachten an das Eintrittsgeld. Eine Dame am reservierten Platz machte sich Vorwürfe, weil sie dies auch vom letzten Platz aus gewiß ebenso gut hätte sehen können ... Der Daumen des Papas

Schichtl näherte sich dem Druckknopfe. Die erschlafften Augäpfel traten wieder aus ihren Höhlen hervor. Ein Büfettfräulein ließ das Praliné auf ihrem Kautschukgebiß unzerdrückt, und ein Metzgermeister von der Freibank schob aus Spannung die Finger in die Knopflöcher seiner Phantasieweste.

Meister Schichtl schrieb mit seinem Zauberstab noch einige dunkle Zeichen in die Luft, wobei ein Schüler an die Seite seines Lesebuches denken mußte, wo das Gedicht vom Belsazar mit der Flammenschrift abgedruckt war ...

Eins, zwei – uuund drei ...! Das Fallbeil fiel wie ein Dachziegel herunter. Man hörte das Haupt in den Sack fallen. Es war, als würden Kartoffeln ausgeleert. Der Umhang fiel vom Gerüst ab: der Mann aus dem Volke lag ohne Kopf in der Köpfmaschine.

Und viele glaubten wieder an Wunder. Einem Kinderfräulein standen die Schweißperlen dick auf der Stirn. Dem Versicherungsinspektor war der Zwicker von der Nase abgerutscht. Eine Töchterschülerin nahm sich vor, beim Hinausgehen an der Kasse zu fragen, ob es über diese Szene kolorierte Postkarten gäbe.

Inzwischen war der abgetrennte Kopf überdeckt zur Besichtigung durch das Publikum gegangen. Als jemand das Wort »Wachskopf« laut vor sich hinsagte, begann sogleich die Musik einen kräftigen Tusch zu spielen ... Schichtl holte den Kopf schnell zu sich auf die Bühne zurück, ließ das Tuch um die Maschine ziehen, schlug mit einem Stab Zeichen in die Luft – und der Mann in der Maschine hatte wieder seinen Kopf.

Das Orchester spielte den Fehrbelliner Reitermarsch. Alle atmeten befreit auf, und der geköpfte Mann strich mit den Fingernägeln seinen Scheitel zurecht. Er sprach nachher noch mit dem Direktor; denn ihm war während dieser Hinrichtung der glückliche Gedanke gekommen, daraus einen Beruf zu machen. Er wurde engagiert und von jetzt ab jeden Tag zehnmal geköpft.

Ja, diese Hinrichtung war so schön, daß man bedauern muß, sie den heutigen Reisenden neben dem empfehlenswerten Besuch der Folterkammer im Nationalmuseum und der Hofbräuhaus-Schwemme nicht mehr anraten zu können, und wer sie miterlebt hat, wird sie sein Lebtag nicht vergessen haben. [1929]

Julius Kreis
Oktoberfest-Bilderbogen

Auf geht's!

Tschinbum und Gong, Trara und Tatü, Didldum und Schnatterätäng – das bläst und orgelt und pfeift und dudelt aus vielhundert Instrumenten zwischen farbigen Holzgiebeln und Türmen, zwischen kleinen Zucker- und Würstelbuden und vor phantastisch geschwungenen Fassaden, die sich darüber wegschnörkeln. Es riecht nach Tannenbäumen und Herbsthimmel und Wiesenkamille, nach Schweinswürsteln, Honigkuchen, Bratfischen und Brathendeln. Ein Bienenstocksummen von vieltausend Menschen ist da, heisere Ausruferstimmen dazwischen, Arbeiter im Werktagskittel, Bürgersleute, Bauern, Kinder, Herren, Männer, Frauen, Damen, Ehepaare, »G'schpusis«, – alles wurlt durcheinander. – Neueste Jazzschlager aus den großen Rutsch- und

Stufenbahnen, dazwischen der Walzer aus der Großvaterzeit »Denke dir, mein Liebchen«, von kleinen verstimmten Drehorgeln in winzigen Karussellen am Festrand. 1929 und 1879 – das geht in Stil und Lebensart auf der »Wies'n« alles ineinander über. Neben der amerikanisch-wolkenkratzerischen »Attraktion« das rührende Schaubüdchen mit Wahrsagerin, Kettensprenger und Menschenfresser.

Ein Rummelplatz also? – Nein. Das könnte einem oberflächlichen Besucher höchstens die Fassade bedeuten. – Trotz Rummel und Bummel: Das Oktoberfest ist auch heute noch ein echt bayerisches Volksfest großen Stils, eine Huldigung an den fröhlichen Geist dieser Stadt – nicht wegen der hundert lärmvollen Buden und Büdchen – sondern wegen der ganzen aufwieglerisch heiteren Atmosphäre, die da den sonst ein bißchen schweren und schwerfälligen Altbayern bewegt, dessen ureigentliches Lebenselement – so widerspruchsvoll das klingt – doch immer wieder ein »Fest« ist. Man kann dieses Oktoberfest wohl anderwärts kopieren, aber es »nutzt nix«: Der Kopie fehlt immer die Frische, die Unmittelbarkeit, das Unwägbare, eben das »Originale« des Originals.

Die Bierbude

Die große Bierbude ist voll von Menschen, kein Stuhl – kein Krug mehr, Hunderte schieben sich in den Gängen hin und her. Die schmetterndste Blechmusik geht hilflos unter in den Wogen von Lärm und Lachen, Rundgesang und Wiesenseligkeit; Backhendel-, Schweinswürstel-, Bratheringsdüfte, Zigarrenrauch und Bierdunst über allem und allen.

Die Musik der »Oberlandler« kommt nicht mehr auf gegen Lärm, Lachen, Rundgesang. Wie ein Fels in der Brandung: der Ordnungsmann. Die resche Kellnerin bahnt sich – sechs Maßkrüge am Busen bergend, wie eine Löwin ihre Jungen – den Weg zum Gast. Zum Stammgast. Da sind zwei alte »Wiesengeher«. 40 Jahre lang sind sie schon »heraus«. Sie sind das Gericht für die Brauerei. – Langsam, feierlich, wie in einem überkommenen Ritus, heben sie die Krüge. – Prüfen mit der geübten Rechten erst einmal die »Schwere«, ob alles drin ist, was hineingehört. An ihnen schenkt sich kein Schenkkellner einen Hausstock heraus.

Der Krug wird zum Mund geführt, der Schaum weggeblasen – jetzt – – – setzt da nicht, wie im Zirkus, in höchster Spannung die Musik aus –? Die beiden tun einen tiefen Zug und wischen sich den Mund. Guat is' heuer! Die Brauerei kann ruhig schlafen. Sie hat's geschafft. – Das Gericht hat entschieden. Die alten Wiesengeher sind zufrieden mit dem Bier. Und die Musik setzt rauschend ein: Strömt herbei, ihr Völkerscharen ...

Inmitten der Brandung, wie ein Fels: Er – der Ordnungsmann. Ehemals Sergeant beim Leibregiment. Ein Meter neunzig hoch, gut gebaut, Handschuhnummer fünfzehn. – Die erkaltete »Virginia« im linken Mundwinkel, so steht er und läßt »seine Äuglein rund umme gehn«, wie es im Volkslied heißt.

Für ihn hat die Welt ihre Schrecken verloren. – Wenn wirklich die große Feier der Versöhnung und Gemütlichkeit irgendwo durch ein paar Krakeeler gestört wird: Er ist da. – Sachlich und geübt hat er den einen Krakeeler mit eisernem Griff »beim Krawattl«, und sachlich, knapp und geübt befördert er ihn zur Tür. – Er ist für Ruhe und Ordnung. –

Zündet seine erloschene Virginia an und nimmt seinen Beobachtungsposten wieder ein.

»A Ruah' muaß sei'!« Das ist der Ordnungsmann.

Haut ihn, den Lukas!

Beim Lukas herrscht die Kraft, hier paradiert das »Muskelschmalz«. Wer mit dem schweren Schlegel so auf den Pflock haut, daß der Eisenschieber die Stange hinauffährt wie ein geölter Blitz und oben die Kapsel krachen läßt, der ist der Held, bekommt die Medaille.

Der Hamburger Zimmermann wetteifert mit dem Münchener Pflasterer um die Palme. Krach – Krach – Krach. – – Ein sachverständiger Zuschauerkreis begutachtet jeden Schlag. »Hau zua, Seppi! Hau drauf!!« – Und jeder plagt sich, sein Markl loszuwerden, daß ihm der Schweiß auf der Stirne steht. – Auch eine Schöne betritt kraftgeschwellt den Ring und ergreift den Hammer, also demonstrativ für das Frauenrecht eintretend. Warum sollen bloß die Männer den Lukas schlagen. »Da, Maxl, halt' mein Huat!« – Und schon saust der Schlegel, von zarter Frauenhand geführt, auf den Pflock. – Krach! Triumph der Venus! – »Da habt's es, ihr Schuaster!« – Und so erhält man schlagende Beweise, daß dieses schwache Geschlecht es nicht nur in der Politik, sondern auch im brandenden Leben den Männern gleichtut.

Er steht draußen am Wiesenrand – abseits von der spektakulären, aufdraherischen Welt der Schaustellungen, Karusselle und Bierbuden. Das Glück ist leise. Das Münchener Glück ist solid. Es ist sozusagen eine Fortuna mit dem Strickstrumpf.

Und der Glückshafen ein älterer, ein alter Herr schon, der allem Wechsel der Architekturmoden zum Trotz sein festes, schlichtes, sachliches Holzgewand noch genau so trägt wie vor 30 Jahren. Ein Glücksritter, aber unter behördlicher Genehmigung, ein Spieler mit Herz und Habitus eines braven Wohlfahrtsbeamten, fern von Hochstapelei, Raffke-Allüren und Wichtigtun. Die Jugend geht heute meist an ihm vorüber. Der Teddybär an der Wurst-, Schieß- oder Fahrbude lockt das Fräulein Braut heute mehr als das schlichte Emailmilchhaferl.

Aber trotzdem hat der Glückshafen noch immer seine treuen Freunde, seine alte glücksritterliche Gemeinde, die ihn nicht läßt, es sei denn, er segnete sie. Sie sind die heimlichen, bescheidenen, verschämten Glücksucher –, die »Schwarz-Peterl«-Spieler am Tisch des Lebens, ganz am unteren Ende, wenn es oben um Bakkarat und Poker und Roulett geht.

Da ist das alte Manndl im grauen Havelock mit dem verwitterten Gamsbarthütl. Er nimmt seit 40 Jahren an jedem Oktoberfest seine fünf Lose. Er nimmt sie nach einem klug durchdachten System von ganz unten, aus der Mitte und von der Oberfläche des Hafens. Und dann geht er mit seinem Schicksal abseits – niemand soll ihn stören – und klotzelt mit zittrigen Fingern die fünf Röllchen auf: »Kaminkehrer – Hanswurst – Bauer – Kleeblatt und als letztes ein Dirndl, das sich im Tanz dreht –, die tückische Fortuna in eigener Person, die auch durch ihre lieblichen Rundungen nicht über eine leise Enttäuschung weghilft.«

Nix is' g'wes'n. – Der Alte steckt die Papierchen säuberlich ins Westentaschl. Sollen wenigstens die Enkel daheim an den Bildln da einen kleinen Spaß haben, und daß der Großvater so danebengetappt hat!

Aber damals – zwei Jahre vor dem Krieg! Mit goldenen Buchstaben steht es im Buch des Lebens: Damals hat er mit Numero 19 den schönen, großen Regulator herausgezogen. – Wenn halt das Glück bei ihm einmal einschlägt, dann schnaggelt's gleich richtig. Aber bis jetzt hat's halt bloß einmal geschnaggelt. Damals mit dem Regulator.

Wer was gewonnen hat, wird von einem teilnehmenden Ring von Nächsten hochachtungsvoll und ergebenst betrachtet und bewundert. – Ein elektrischer Kocher wird gegen eine Weckeruhr ausgetauscht, eine Blumenvase gegen einen Tabakskloben. Das Glück erfährt seine Zensuren und Korrekturen. Eine Bäuerin aus dem Aichacher Holzwinkel hält ängstlich und verlegen ein grünseidenes Schlupfhoserl vor sich hin und sagt ratlos: »Schö' is scho' und kostbar is aa – aber wiss'n sollt' ma halt, zu was 's g'hört.«

Buben steuern zusammen. Sie sind scharf auf das Fahrrad. – Der Maxl ist dafür, daß man einen kleinen Motor einbauen läßt, wenn man es gewinnt. Der Sepp sagt: »Bis zum Donnerstag mittag darfst du fahr'n, Maxl, und vom Donnerstag bis zum Sonntag g'hört das Radl mir!« – Der Schorschl, der dritte, will ein Fünferl zuschießen: »Nachher derf i's z'leih'n nemma, wenn i's brauch'!« – »Ja freili! Eahm schaug o'! Um sei' windig's Fünferl derfat'n mir eahm allweil 's Radl herleih'n!« Man einigt sich, daß er zwanzigmal fahren darf für die fünf Pfennig Zuschuß.

»Zwoa Los' nemma mir jetzt. Wenn's na wirkli bei dem oan nix is mit'm Radl, nacher ham mir allweil no des ander', wo g'winnt ...« Glückliche Optimisten.

Der Maxl und der Sepp greifen tief in den Hafen und wühlen minutenlang herum. – »So, jetzt is aber gnua, ihr Lausbuam«, sagt der Herr, der Fortuna stellvertritt, »ihr kunnt's ja glei in dem Hafa übernacht'n für eure zwoa Los'!« – Ein grünes und ein rotes haben sie gezogen.

Drei Augenpaare gehen fast aus den Höhlen, als fiebernde Bubenfinger die Röllchen öffnen. – Der Radltraum ist ausgeträumt ...

»Das gelbe hätt' ma nemma soll'n, Maxl! I hab' schon allweil des gelbe Los nemma woll'n, aber der damische Deifi do drin läßt oan ja koa Zeit ...« Ein letzter Blick noch auf das Radl, dann verrollen sich die drei Glücksritter.

Das Gespann

Das ist das Schönste am Oktoberfest: Der vierspännige Bierwagen der großen Brauereien. Da lacht einem das Herz im Leib. Hier grüßt in den verkitschten und entpersönlichten Tag noch ein Stück Rasse, Kraft, Heimat herüber. Vor dem nagelneuen, blitzblanken Leiterwagen mit den schweren »Banzen« vier kräftige, blanke »Rösser«. Rösser! – Keine Pferde! – Alles an ihnen klirrt und funkelt, blitzt und klingt. Das prächtigste braune oder schwarze Lederzeug, von alter Handwerkskunst meisterlich mit Silber oder Messing beschlagen, ziseliert, mit Samt besetzt, paradiert da auf der Wiesenfahrt. – Die mächtigen »Rösser« heben den schönen kräftigen Hals und schütteln Zaumzeug und Kette, und man sieht an jedem Gaul den unbändigen Stolz auf den festlichen Schmuck. Ihr Fell glänzt seidig, gepflegt, gestriegelt und geputzt zum Fest, und das Wiehern ist wie ein Juchzer, der aus blanker, breiter Brust kommt.

Zwei stramme, lange Bierführer zügeln das Gespann. Auch sie sind auf den Glanz hergerichtet. Auf dem großen, runden Plüschhut brennt das »Nagerl«, blühweiß kommen die Hemdärmel aus dem beblümelten »Samtgilet«, an der schweren silbernen Uhrkette baumelt ein Rößl, schwarze Lederhosen und hohe, blitzblanke Röhrenstiefel gehören noch zum Gewand. Unter der Nase steht ein strammer Schnauzbart. Wie Kavaliere sitzen sie auf Roß und Bock, stolz auf ihr Gespann, wie die Fürsten.

So klirrt und klingelt das lange, schwere Fuhrwerk durch die Wiesenmenge, und jedem unter den Münchnern, der vorbeikommt, ist's, als wär's ein Stück von ihm, als gehörte die Pracht jedem altbayerischen Menschen, und er tätschelt dem Roß die Flanke – stolz, verliebt, begeistert, wie selten der Münchner begeistert ist.

»Herrgott! San da dös Roß!« Nicht genug sehen kann er sich daran. Es ist das Schönste auf der »Wies'n«.

Die Ratsbude

Sie ist das Sinnbild, daß das Oktoberfest auch wirklich, echt offiziell stattfindet, nicht nur dem banalen Untertanenauge erkennbar, sondern unter wohlwollender offizieller Teilnahme und Kenntnis der Behörde. In dieser Ratsbude sitzen zu dürfen ist der höchste Wunsch und Ehrgeiz eines loyalen Bürgers. Hier hausen die Medizinmänner des Stammes Bayern, hier lächeln die Auguren über ihren Maßkrug hinweg ins »goldene Münchner Herz« und Auge. Ja, hier sitzen Stadtväter und Landtagsmänner, um sich von den schweren gesetzgeberischen Sorgen bei einer Wiesenmaß den Kopf wieder klar zu trinken. Hoffen wir, daß dieser Wiesentempel der Obrigkeit stets reiche Früchte der Anregung für unser Wohl trägt.

Hippodrom

»Der Treffpunkt der Sport- und Lebewelt« steht an der Wand, und weil man sich doch gern zur Sport- und Lebewelt rechnen will, betritt man die Halle der Kavaliere, in die der rotbefrackte Ausrufer mit berückenden Gesten und in allen Sprachen der Welt zum Eintritt einlädt. Ein Dutzend Pferde jeden Kalibers steht hier zu reiterlichen Künsten bereit. Ich weiß nicht, ob Pferde denken können. Sollte es der Fall sein, so kämen wohl nicht immer erfreuliche Konstatierungen für die Menschheit heraus. Mit vereinten Kräften windet und hebt das Personal die Sport- und Lebewelt in den Sattel.

Der Kavalier spendet seiner Dame ein Markl, einen Taler, einen Fünfmarkschein, damit sie – hoch zu Roß die Welt sich freier ansehen kann.

Die Musik setzt ein, die Gäule nuppeln dahin – Bubilokken und Hüte fliegen, hin und wieder schüttelt ein Roß seine süße Last in den Sand, Kavaliere sitzen wie Colleonis im Sattel oder hängen am Pferdehals – schon ist die Runde aus, und hilfsbereite Stalldiener heben die Sportladys wieder aus dem Sattel. [1929]

Georg Britting
Schnee überm Oktoberfest

Vom Oktober trägt das altberühmte Münchner Volksfest den Namen, das aber in seiner größern Dauer schon im September gefeiert wird, und man hat es so eilig mit ihm, um dem Schnee zu entkommen, der in Oberbayern oft schon sehr früh sich zeigt. Und manchmal ist der Schnee noch schneller als das Fest, das vor ihm auf der Flucht ist, und fällt in die noch voll belaubten Bäume und überfällt weiß strudelnd die bunten Zeltbauten. So konnte, wer der Tollheit der Zeit nicht nachstehen wollte, und wem es nichts verschlug, selber ein wenig nach einem Narren auszusehen, so konnte der im vorigen Jahr zum Beispiel, während der Kalender dumm und unbestechlich den grünen Herbst anzeigte, mitten im weißen Winter auf die Freudenwiese gehen. Der Schnee zwar, großflockig und wässrig grau, zerging, sobald er den Boden erreichte, aber auf den Zeltbahnen, die schräg zum Regenschild herabgerollt die Buden schützten, blieb er doch ein wenig liegen und zerschmolz auch da nicht sofort, wo Schokoladenherzen, in brandrotes Papier gehüllt, oder Herzen aus Lebkuchenteig, mit heißen Liebesschwüren bemalt, an feuerfarbenen Bändern dicht unterm Regendach baumelten.

Kaum ein Mensch war zu sehen in den breiten Straßen, die sich zwischen den prunkenden Bierhallen hinziehen, wo die blau- und weißgestreiften Fahnenstangen sonst ihre mächtigen Tücher schwenken, in den auch lustig blau- und weißgestreiften bayrischen Schönwetterhimmel hinein, strahlend, wie er nur sein kann an gnädigen Tagen, in der Trübe jetzt hingen sie naß und zerknüllt herab. Und leer auch waren die bescheidnern Gassen, die von den großen Straßen abzweigen, wo die kleinen Schaubuden stehen, die frech und betrügerisch prahlende Fassaden zeigen, und dahinter ist meist nur eine winzige Holzhütte oder auch nur ein notdürftig vor Wind und Regen schützendes Zelt. Das erinnert ein wenig an jene Art von Häusern, die man bei uns im Süden antrifft, in Wasserburg und Burghausen und Tittmoning, deren Fronten ein letztes, gar nicht mehr vorhandenes Stockwerk hochstaplerisch und zierlich vortäuschen.

Ein grellrot und grün bemaltes großes Zelt beherbergte, wie die Anschlagzettel verrieten, Männer aus dem indischen Archipel, die sich Speere werfend und Pfeile schnellend und auch sonst kriegerische Künste treibend dem Zuschauer zu zeigen wünschten. In der frühen Nachmittagsstunde dieses Septembertages aber, der Schneewirbel war gerade ein wenig dünner geworden, es sah aber so aus, als würde er jeden Augenblick wieder seine alte Stärke gewinnen, fuhren sie, die sich sonst nur gegen ein Entgelt von fünfzig Pfennig sehen ließen, auf der andern Seite der Budengasse auf den großäugig starrblickenden Pferden und langhalsigen, schneeweiß gestrichenen Schwänen eines altmodischen Karussells unentwegt im Kreis herum. Sie trugen unter den bunten Burnussen dicke graue und grüne Wollstrümpfe und Knickerbocker aus verwegen gewürfelten Stoffen und machten ein kindlich glückliches Gesicht. Einer, groß und mager, pockennarbig, langnasig, einen mächtigen schmutzigweißen Turban um den Kopf, hatte eine kleine, weißblonde, rundliche Frau, vielleicht die Besitzerin des Karussells, vor sich auf den spiegelig glänzenden Rappen mit der schön verschnörkelten Mähne genommen. Der Inder ritt jauchzend das kleine, dickbauchige Tier, das, mit den schlagenden Vorderhufen in der Luft, in immer gleichem Abstand hinter den Gefährten einherjagte, in seiner gedrechselten Erstarrtheit zauberisch lebendig und auch die blonde Frau, der es anscheinend gar nicht unheimlich vorkam, den Sattel mit einem bronzehäutigen Muselmann zu teilen, beugte sich kichernd weit vor über den Kopf des Pferdes, als fege sie über die Wüsten auf einem feurigen Hengst. Der Leierkasten des Karussells schnarrte und grölte, und zitterte leicht unter der Wucht des eignen Atems und war der einzige weitum, der tönte. Die farbigen Ausreißer lächelten im Vorüberreiten zu ihrer Schaubude hinüber und nickten spöttisch ihrem Ausrufer zu.

Dem Ausrufer fiel der kalte Flaum in den großen Mund, den er tapfer immer wieder öffnete, um die kleine Zuhörerschar, die sich vor ihm zusammengefunden hatte, zum Eintreten zu verführen. Es waren einige halbwüchsige Burschen und Mädchen, auch ein paar im Wind fröstelnde Erwachsene darunter, und eine bäuerisch gekleidete junge Frau mit einem vielleicht sechsjährigen Knaben an der Hand, die zu spät bemerkte, daß der große Mann da droben, der drollige Schneeschnapper, vor allem zu ihr sprach, gerade sie ins Auge gefaßt hatte, gerade ihr mit lauter, weithin schallender Stimme (und dabei stand sie ihm doch ziemlich nah, am weitesten vorn im Trupp) die wilden Künste der Archipelmänner anpries. Die Frau errötete und fand es anscheinend unbehaglich, so unerwartet sich ausgezeichnet zu sehen, und blickte sich verlegen nach einer Lücke im Zuhörerkreis um, durch die vielleicht ein unauffälliges Entwischen möglich war. Da verdrossen der Frau allzu unschlüssiges Gesicht und die schadenfrohen Mienen der reitenden Inder den schreienden Mann, daß er mit einer schmerzlichen, verzichtenden Handbewegung seine Rede abbrach, sich mit übellaunigem Gesicht von der kleinen enttäuschten Zuhörermenge abwandte und schnell in der Bude verschwand.

Zugleich zogen drüben die braunen Männer den Leierkasten wieder auf und begannen eine neue Fahrt, bei der die kleine Frau von einem schönen, weißen Schwan sich tragen ließ, verführerisch dazu lächelnd.

Der kleine Trupp der Wiesenbesucher setzte sich wieder in Bewegung, er fiel nicht auseinander, es ging nicht jeder und jede seiner Wege. Die Leute, die doch gar nicht zusammengehörten, sie hielten sich dicht aneinander, als trügen sie Furcht, allein das Abenteuer des verschneiten Festes zu wagen, und auch die bäuerische Frau blieb ernsthaften Gesichts bei den Genossen der Stunde, an der Hand das folgsame Kind.

An der Rückwand seines kleinen Verkaufsstandes lehnte ein schwarzlockiger Mann, der Kokosnußschnitten, das Stück zu zehn Pfennig, feilbot. Er stand dicht neben einem zarten jungen Wesen in roter Bluse, das er wohl listiger Weise für die vierzehn Wiesentage als Verkäuferin verpflichtet hatte, weil er nicht mit Unrecht der Meinung war, daß so ein hübsches Ding kein »Nein« hören mußte, wenn es mit sanfter zwitschender Vogelstimme zum Kauf einlud. Er hatte feurige gutmütig dumme Kugelaugen, der Kokosnußmann, Augen, wie sie zu seinem gelockten Schwarzhaar paßten, und es schien nicht, daß er ärgerlich war, weil die Männer in der Stadt geblieben waren, an denen das Mädchen seine verführerischen Künste hätte erweisen sollen. Er machte keineswegs ein verdrießliches Gesicht, wie er so dicht neben der Feingliedrigen stand. Sicher war es wärmer, wenn man so nah beisammen war, und die Wärme tat ja wohl gut bei diesem Wetter, und die Bretterwand erlaubte es dem Schneewind nicht, kühl in des Mädchens Nacken zu blasen, und wenn er sich drehte, der Wind, daß das Tuch des roten Regendachs knatterte und die an Schnüren hängenden Kokosnüsse mit dumpfem Ton aneinanderstießen, dann war es der Mann, der sich breitschultrig und feueräugig vor das Mädchen stellte, es vor dem Sturm zu schützen, zärtlich auf die Zitternde hinabsah und dachte: »Ja, die hätte den Männern gefallen!« Aber dann vergaß er ganz und gar des Geschäfts, sah nur mehr, wie hübsch sie war, wie ihre Haare braun glänzten wie die Schalen und ihr Gesicht milchig weiß schimmerte wie das Fleisch seiner Nüsse.

Als es dann etwas später am Nachmittag für kurze Zeit ganz aufhörte zu schneien – es war die Wolkendecke geborsten, schnell und unerwartet, wie sie es sonst nur im April tut – und alle Straßen und Gassen der Budenstadt blaugetüpfelt waren, weil die Bläue der himmlischen Wolkenbucht sich im Wasser eines jeden Fußstapfentümpels spiegelte, bekam der schweifende Trupp, der immer noch zusammenhielt, Verstärkung. Er schwoll an, mit wunderlicher Kraft zog er Einzelgänger an, und schob sich langsam und mit Bedacht und in einer gewissen Ordnung, die keine Sehenswürdigkeit ungesehen lassen wollte, über den Festplatz. Das schwarze Kopftuch der Bäuerin flimmerte in der Sonne, und an ihrer Hand das Kind, dem sie eine kleine Trompete erstanden hatte, blies immer die paar gleichen grellen Krächztöne darauf, und sah dann ernsthaft der Trompete in den runden Mund, als wundere es sich, daß daher der Klang käme.

Vorn an die Rampe getreten war ein kleiner Mann im Frack, einen Zylinder auf den Kopf, mit einem gelben Gesicht, wie es Leberkranke haben, aufgedunsen und faltig, greisenhaft und jugendlich geheimnisvoll zugleich, und nun hob der Zwerg mit der gelben Kinderhand den hohen Hut und winkte, näherzutreten und tat das, indem er hochmütig über die paar einzeln vorbeistreifenden Zuschauer hinwegsah. Mit einem plötzlichen entschlossenen Ruck dann setzte der Kindmann den Hut wieder fest auf den Kopf und begann, die Hände auf dem Rücken, die ganze Länge der Rampe feierlich und verdrießlich im Hin und Her und Her und Hin abzuschreiten. Eine Frau, eine gewöhnliche Menschenfrau, keine Zwergin, die dick vermummt an der Kasse saß, lud mit kurzem Rufen ein, sich die berühmten Liliputaner zu besehen, aber es klang wenig zuversichtlich, so, als glaube sie selber nicht recht daran, daß irgend jemand ihrer Lockung werde Folge leisten.

Es war nun gerade der Trupp der Beharrlichen vor der Zwergenbude angekommen. Der Däumling im Frack hielt plötzlich inne im ruhelosen Wandern, sah scheelen Blicks zum Himmel auf, der sich schon wieder verdüstert hatte und grämlich zurücksah. Da schrie die Frau an der Kasse wild: »Hereinspaziert! Hereinspaziert!« und klatschte in die Hände und schrie: »Prinzessin Esmeralda!«; und aus dem Vorhang trat eine winzige Frau in einem tief ausgeschnittenen Ballkleid aus rotem Samt, die platinweiß gefärbten Haare gewellt und emporgetürmt und auf der Haarwoge wackelnd eine goldene Krone. Der Zwerg verbeugte sich tief vor der Prinzessin, zog in gewaltigen und putzigen Bogen den Zylinder vor ihr und küßte die Hand, die sie ihm mit einem gefrorenen Lächeln reichte. »Herein! Herein!«, keuchte die Frau an der Kasse, während schon wieder die ersten Flocken fielen, dann dicht und dichter kommend, wirbelnd mit einemmal, und der Wind trieb die Flocken gegen das kleine Paar, daß sich die Prinzessin das Gesicht wischen mußte.

Aber niemand folgte dem stürmischen »Herein!«, und als der Schnee jetzt zu Regen wurde und ein Wolkenbruch niederzuprasseln begann, schob sich der Zuschauertrupp flüchtend in eine Wurstbraterei, die der Zwergenbude gegenüber lag, nur die Bäuerin ging in den Regen hinein, weiter mit dem Kind, das die Trompete fest in der Faust hielt.

Leer war es vor dem Liliputanerzelt, der Regen strömte dicht und heftig herab, die Prinzessin Esmeralda war wieder hinterm Vorhang verschwunden, auch die Frau hatte den Platz an der Kasse verlassen, nur der bleiche, winzige Mann im Frack stand noch auf den regengepeitschten Brettern, und plötzlich stampfte er mit dem kleinen Fuß auf und hob seine kleine Faust gegen den Himmel, schüttelnd, zornig und traurig und lächerlich. [1932]

Ödön von Horváth
Wiesenbraut und Achterbahn

Unter einer Wiesenbraut versteht man in München ein Fräulein, das man an einem Oktoberfestbesuch kennen lernt, und zu dem die Bande der Sympathie je nach Veranlagung und Umständen mehr oder weniger intimer geschlungen werden. Meistens wird die Wiesenbraut vom Standpunkt des Herrn aus gesehen – aber die Geliebte samt der Sehnsucht, die in der Wiesenbraut leben, werden selten respektiert. Oft will die Wiesenbraut nur lustig sein und sonst nichts, häufig will sie sonst auch noch etwas: nie aber denkt sie momentan materiell. Aber in der Wiesenbraut lebt häufig die Sehnsucht, daß es immer ein Oktoberfest geben soll: immer so ein Abend: immer eine Achterbahn: immer die Abnormitäten; immer Hippodrom im Kreise. Seit es eine Oktoberfestwiese gibt, seit der Zeit gibt es eine Wiesenbraut. Die Wiesenbraut verläßt die Ihren, verläßt ihr Milljöh, geht mit Herren, die sie nicht kennt, interessiert sich wenig für den Charakter, mehr für die Vergnügungen. Die Wiesenbraut denkt nicht an den Tod. Die Wiesenbraut opfert ihren Bräutigam, sie denkt nicht, sie lebt. Sie verliert die Liebe wegen einem Amüsement. Sie vergißt, wohin sie gehört. Und der Kreis um die Wiesenbraut empfindet diese Störung. Er gerät durcheinander aus Enttäuschung. Aber bald ordnet sich wieder alles – und die Wiesenbraut ist ausgeschaltet. Nur im Märchen bekommt die Wiesenbraut einen Prinzen. In Wahrheit versinkt sie in das Nichts, sobald die Wiese aufhört.

[1932]

Ernst Kammerer
Die Hinrichtung einer lebenden Person

Eine Schichtl-Erinnerung

»Heut schau'n mir uns die Hinrichtung an.« Wir vier Spezeln machten es in der Lateinstunde aus. Alle vier waren wir dabei, der Gradinger Franz, der Spingler Leopold, der Riedmüller Rudi und ich.

»Was flüstert ihr da von einer Hinrichtung?« fragte der Professor Höfler.

»Ich habe den Gradinger gefragt, was ›Hinrichtung‹ auf lateinisch heißt, ob er es weiß«, sagte der Spingler Leopold.

»Ihr habt ›Hinrichtung‹ noch nicht gehabt, und was ihr noch nicht gehabt habt, davon habt ihr auch nicht zu sprechen. Außerdem sollte sich ein humanistischer Mensch schämen, seine Gedanken an so niedrige Dinge zu wenden.«

Wir schämten uns aber gar nicht, sondern konnten es kaum erwarten, bis wir vor dem Schichtl-Theater auf der Wies'n standen. Da lasen wir das Plakat: In jeder Vorstellung die Hinrichtung einer lebenden Person mittels der Guillotine. Dem Riedmüller Rudi hatte sein Vater erklärt, daß eine Guillotine eine Maschine zum Köpfen ist. Wir fragten uns, wo das Schichtl-Theater die Menschen zum Köpfen herkriegt.

Die nächste Haupt-Nachmittagsgalavorstellung begann um vier Uhr. Wir saßen neben einigen jungen Herren aus der Vorstadt. Ihr Dialekt war reich an Kraftausdrücken. Sie imponierten uns sehr. Kurz bevor es anging, setzte sich noch eine dicke Dame mit einem Federhut neben uns. »Macht's ein bisserl Platz, ihr Buberln!« sagte sie zu uns. »Buberln« sagte sie, und dabei hatten wir unsere Gymnasiastenmützen auf. Wir haben die ganze Vorstellung gegen die Dame hingedruckt, daß sie immer nur halb auf der Bank sitzen konnte.

Im übrigen warteten wir nur auf die Hinrichtung. Den anderen Nummern des Programms konnten wir nichts abgewinnen. Wir verzweifelten beinahe, als die »Schönheitsstellungen der weißen Venus und Partnerin« kein Ende nehmen wollten, und konnten nicht begreifen, daß die schön frisierten Herren neben uns »Pfundig! Zeahm! Deftig! Wuid!«

Heute
HINRICHTUNG

sagten und nach jeder dieser langweiligen Freiübungen klatschten. Die Dame mit dem Federhut schien weniger Gefallen an den Schönheitsstellungen zu finden. Im Ton der Entrüstung flüsterte sie: »A so a Schweinerei, alles sieht ma'!« Endlich trat der Schichtl-August vor den Vorhang und teilte mit, daß auf der Bühne das Blutgerüst aufgebaut werde, daß aber niemand Angst zu haben brauche, weil alles nach den Vorschriften der medizinischen Kapazitäten des In- und Auslandes gehandhabt werde.

Der Vorhang teilte sich. Auf der Bühne stand das Gerüst. Hoch oben blinkte das Beil. Ein Tisch für das Opfer war da, ein Korb für den abgeschnittenen Kopf. Die Bühne selbst war durch einige schwarze Tücher auf eine notdürftige Feierlichkeit gestimmt worden.

»Darf ich jetzt bitten, daß sich jemand meldet, der hingerichtet werden will«, sagte der August. Betretenes Schweigen im Theaterraum.

»Es tut nicht weh, und wir müssen alle einmal sterben.«

Niemand rührte sich.

Der August wurde ungeduldig: »Die Hinrichtung kann nur stattfinden, wenn sich jemand meldet.« Wenn sich niemand meldete, würde die Hinrichtung ausfallen.

Angstvoll musterten wir die Zuschauerreihen. Nirgends zeigte sich ein großzügiger Mensch, der bereit war, sich für seine Mitmenschen zu opfern. »Melde dich!« sagte der Spingler Leopold zum Gradinger Franzl; aber der Gradinger Franzl erwiderte: »Halt dei Bappen!«

»Na, wie steht's, meine Herren von der Lateinschule?« wandte sich der August an den Riedmüller Rudi.

»Ich weiß nicht, ob es meine Mutter erlaubt«, sagte der Rudi, und alle im Theater lachten.

Der August fragte: »Hat denn niemand seine Schwiegermutter bei sich, daß er sie zur Verfügung stellt?«

»Schade, daß wir den Professor Höfler nicht dabei haben«, sagte ich.

Auf einmal kam aus der letzten Reihe ein junger Mann nach vorn, der keinen Kragen anhatte und mit seinem freien Hals gut für die Hinrichtung geeignet war. Wir klatschten dem kühnen Jüngling dankbaren Beifall. Der August zog ihm einen schwarzen Sack über den Kopf, schnallte ihn auf das Brett und schob ihn mit dem Kopf unter das Beil.

»Und nun, lieber Herr, heben Sie bitte das linke Bein, damit das Publikum sieht, daß Sie noch lebendig sind.«

Der Mann im schwarzen Sack hob das linke Bein.

»Heben Sie das rechte Bein.«

Das rechte Bein hob sich.

»Haben Sie noch einen Wunsch?«

Der Kopf wurde geschüttelt.

»Dann schreiten wir zur Exekution. Ich zähle bis drei, und auf drei sollen Damen und Kinder und nervenschwache Personen, die das nicht aushalten können, die Augen schließen; denn auf drei saust das Beil herunter. Der Herr, der sich uns liebenswürdigerweise zur Verfügung gestellt hat, wird ein leichtes Kitzeln am Hals verspüren und dann nichts mehr. Eins – zwei – drrrei!«

Mit einem Polterer fiel der Kopf in den Korb. Die Dame mit dem Federhut stieß einen leichten Schrei aus. Wir sagten später zum Riedmüller Rudi, daß er wahrscheinlich die Augen geschlossen habe. Er sagte, er habe die Augen nicht geschlossen. Aber wir glaubten es nicht und hielten ihn für einen Schwächling. Vermutlich hatten wir alle vier die Augen geschlossen.

Der August holte den Kopf, der im abgeschnittenen Ende des schwarzen Sackes steckte, aus dem Korb und setzte ihn auf einen Teller, so wie der Kopf des Täufers Johannes, den die Salome ertanzt hatte, auf einen Teller gesetzt ward. Wie ein Kellner, der auf einem Leichenschmaus serviert, trat der August mit Kopf und Teller und einem ernsten Gesicht an die Rampe, hielt den Teller ein wenig schief, worauf aus dem Kopf etwa zwei Liter rotwässeriges Blut herausplätscherten, und ließ dann den Kopf wie einen Kegel in eine Kiste im Hintergrund fallen.

»Ärzte und Wissenschaftler werden eingeladen, sich auf die Bühne zu begeben und die Zuckungen der Halsschlagader zu beobachten.«

Die Herren neben uns mit ihren hingepatschten Frisuren erstiegen die Bühne. Wir hatten ihnen nicht angesehen, daß sie Ärzte oder Wissenschaftler waren.

Über dem Theater lag eine bestürzte Stille. Auch wir vier waren von der Hinrichtung mittels der Guillotine tief beeindruckt. Eine Hinrichtung ist immer eine Hinrichtung, auch wenn man wie hier noch auf eine glückliche Wendung hoffen durfte.

Und sie trat ein, die glückliche Wendung. Als die Schlagadernbetrachter die Bühne geräumt hatten, trat der August vor:

»Was ich bis jetzt vorgeführt habe, ist noch gar nichts. Auf einen Knopf drücken und jemand hinrichten, das kann jeder. Aber den Betreffenden wieder lebendig machen, das kann nur ich. Passen Sie auf, meine Herrschaften.«

Er zeigte uns, indem er die Beine des Hingerichteten hob und als leblose Masse auf das Brett fallen ließ, daß der Hingerichtete in der Tat tot war. Dann holte er den Kopf aus der Kiste, reinigte ihn mit einer Wurzelbürste von anhaftendem Sägemehl, und indem er sich schwungvoll über den kopflosen Leib beugte, sah man ihn angestrengte Druckbewegungen und Drehungen ausführen. Mehrmals stöhnte er ausdrucksvoll. Schließlich richtete er sich auf, wischte sich den Schweiß von der Stirn, bedeutete uns durch Zeichen, vollkommene Stille zu bewahren, und löste den Hingerichteten langsam vom Tisch der Guillotine. Der steife Leib ward aufgerichtet, der Sack wurde abgenommen, und mit einem Seufzer schlug der Tote die Augen auf. Man sah ihm weiter nichts an.

Nur am Hals zeigte uns der August einen roten Streifen, wo das trennende Beil durchgefahren war. Aber er versicherte, daß die kleine Narbe verschwinden würde. Nur dürfte der junge Mann sich vorläufig nicht zu viel bewegen, da er sonst Gefahr laufe, den noch nicht durchaus wieder angewachsenen Kopf abermals zu verlieren. »Aber provisorisch hält er schon wieder!« sagte der August und zog den kaum zum Leben Zurückgekehrten kräftig an der Nase, um zu zeigen, daß Kopf und Leib wieder vermählt waren.

Der Gradinger Franz brachte ein paar Tage später die Nachricht: »Das muß ein Schwindel sein. Ich war noch einmal drin bei der Guillotine, und da ist derselbe hingerichtet worden, der sich neulich auch gemeldet hat.«

Aber der Spingler Leopold, der Riedmüller Rudi und ich, wir redeten dem Gradinger Franz das aus. Er müsse sich getäuscht haben, sagten wir, und ich erinnere mich, daß ich für die Lauterkeit der Schichtl-Guillotine einen triftigen Grund ins Feld führte: »Da muß jedesmal ein anderer zum Hinrichten genommen werden; denn ein einzelner Mensch überlebt das nicht, wenn er an einem Tag ein dutzendmal geköpft wird.« [1936]

Thomas Wolfe
Auf der Wies'n

Der September näherte sich seinem Ende: das Oktoberfest stand vor der Tür. Monk sah in ganz München die Plakate hängen, die das große Ereignis ankündigten, und wo er auch hinkam, wurde davon gesprochen. Die Pensionsgäste in der Theresienstraße erzählten ihm davon in dem gekünstelt scherzhaften Ton, in dem Erwachsene sich mit Kindern zu unterhalten pflegen – oder eben mit einem Ausländer, der die Landessprache nur unvollkommen beherrscht. In Gedanken stellte er allerlei Mutmaßungen an, konnte sich das bevorstehende Fest aber nicht recht vorstellen. Trotzdem begann die Angelegenheit für ihn eine geradezu rituelle Bedeutung anzunehmen, als sollte er endlich zum Herzen dieses Volkes vordringen. Ihm war, als gelangte er nach einer Wanderung durch die alten Barbarenwälder plötzlich auf eine Lichtung, wo sie ihren Göttern opferten.

Anfang Oktober – einen oder zwei Tage nach Eröffnung des Festes – machte Monk sich eines Sonntagnachmittags zusammen mit Heinrich Bahr auf den Weg zur Theresienwiese am Ostrande der Stadt, zur sogenannten Wies'n. Als sie den Bahnhof hinter sich gelassen hatten und der Festwiese zustrebten, nahm das Menschengewimmel in allen Straßen ständig zu. Man sah vorwiegend Ortsansässige, aber auch viel bayerisches Landvolk. Diese Bayern waren ein kräftiger Menschenschlag, und ihre fröhlich-bunten Trachten bildeten leuchtende Farbflecke in der festlichen

Menge. Die Männer trugen kunstvoll bestickte kurze Lederhosen und Wollstrümpfe, die Frauen leuchtendbunte Röcke und spitzenbesetzte Mieder. Sie schritten munter aus, mit dem elastischen Schritt von Gebirgsbewohnern. Sie hatten das gesunde Fleisch und die untadeligen Zähne von Tieren, und ihre faltenlosen, runden Gesichter waren nur von Sonne und Wind gezeichnet; sie waren ungebrochen von Gedanken oder Schmerzen, die des Menschen Kraft aufbrauchen. Monk betrachtete sie mit Neid und schmerzlicher Sehnsucht: wie stark und zuversichtlich gingen sie durchs Leben, und wie groß war ihr Gewinn, da sie auf so vieles verzichteten! Ihr Leben beschränkte sich auf einen oder zwei Wünsche. Die meisten von ihnen hatten nie ein Buch gelesen; ein Besuch in München, dieser märchenhaften Großstadt, war für sie eine Reise ins Herz der Welt, und jene Welt, die jenseits ihrer Berge lag, hatte für sie überhaupt keine reale Existenz.

Je näher sie der Theresienwiese kamen, desto dichter wurde das Gewühl, so daß sie nur langsam vorwärts kamen. Nun hörten sie auch den ohrenbetäubenden Festtrubel, und bald konnte Monk die Festwiese mit ihren Buden und Zelten sehen. Zunächst war er bodenlos enttäuscht von der berühmten Wies'n: Was er hier vor sich hatte, erschien ihm wie ein verkleinertes, weniger glänzendes Coney Island. In Dutzenden von Buden und Ständen wurden billige Puppen, Teddybären oder Konfektpackungen feilgeboten, es gab Schießbuden und den ganzen üblichen Humbug wie Ungeheuer mit zwei Köpfen, Irrgärten, Riesenweiber, Zwerge, Wahrsager und Hypnotiseure. Dazu alle kunstvollen Maschinerien, in denen einem schwindlig wurde, wie jene kleinen Autos, die im Zickzack auf einer elektrisch geladenen Fläche herumsausen. Alles kreischte vor Freude, wenn die verrückten Fahrzeuge zusammenstießen und von dem Aufseher wieder in Gang gebracht werden mußten.

Heinrich Bahr bestaunte alles wie ein Kind und wollte sich totlachen. Verwunderlich war die kindliche Amüsierfähigkeit all dieser Leute, die des bunten Treibens nie müde zu werden schienen. Selbst große, dicke Männer mit wulstigen Nacken frequentierten diese Dreh- oder Schaukelmaschinen und ließen sich unentwegt auf den hölzernen Schaukelpferden der Karussells im Kreise drehen. Heinrich war hingerissen. Monk machte mit ihm mehrere Fahrten über den großen hölzernen Aufbau der Berg-und-Tal-Bahn, und dann ließen sie sich von verschiedenen Maschinen schaukeln und drehen, bis ihnen vollkommen schwindlig war.

Schließlich war Heinrich befriedigt, und sie schlenderten langsam durch das Gedränge auf dem großen Hauptweg, bis sie zu einem freieren Platz am Rande der Wies'n kamen. Hier stand ein Mann auf einem kleinen Podium und hielt in lautem Marktschreierdeutsch eine Ansprache an die Menge. Neben ihm stand ein junger Mann, dessen Rumpf und Arme in eine ärmellose Leinenjacke gezwängt und mit einer Kette gefesselt waren. Als der Ausrufer schwieg, steckte der junge Mann seine Füße in zwei Schlingen und wurde an den Füßen hochgezogen, bis er, den Kopf nach unten, über den Köpfen der staunenden Menge hing. Monk sah ihm zu, wie er sich verzweifelt bemühte, sich von Kette und Zwangsjakke zu befreien, bis er hochrot im Gesicht war und seine Stirnadern wie dicke Stricke hervortraten. Inzwischen ging eine Frau durch die Menge und kassierte; als nichts mehr aus den Leuten herauszuholen war, befreite sich der junge

Mann, dessen blutgeschwollenes Gesicht nun fast schwarz wirkte, sehr schnell von seinen Fesseln und wurde wieder heruntergelassen. Die Leute zerstreuten sich – anscheinend ein bißchen mürrisch, als hätten sie das, was sie gesehen hatten, zwar erwartet, aber eigentlich ein bißchen enttäuschend gefunden. Während der Ausrufer wieder seine Ansprache begann, saß der junge Mann, die Hand über die Augen gelegt, auf einem Stuhl und erholte sich. Die Frau, die das Geld eingesammelt hatte, stand besorgt neben ihm, sah ihn an und sagte ein paar Worte zu ihm. Dabei spürte Monk, ohne ein äußeres Anzeichen, nur durch ihre gegenseitige Nähe, so etwas wie Zärtlichkeit und Liebe zwischen ihnen.

Der Kopf drehte sich ihm von dem ganzen wirren Festtrubel, und diese letzte Vorführung – der Höhepunkt eines endlosen Programms von Ungeheuern und tierischen Sensationen – flößte ihm irgendwie Entsetzen ein. Einen Augenblick kam es ihm so vor, als sei in den Menschen von Natur aus etwas Böses, das selbst ihre primitivsten Vergnügungen verdüsterte und befleckte.

Es war Spätnachmittag geworden; die Tage wurden nun rasch kürzer, man spürte schon den Herbst in der frischen, kühlen Luft, die nur spärlich von blaßrotem Sonnenschein erwärmt wurde. Über dem ganzen Fest lag das Gebrodel der hunderttausend Stimmen wie eine dicke, massive Dekke. Heinrich, der fürs erste von den Sehenswürdigkeiten genug hatte, wandte nun seine Gedanken dem Bier zu. Er nahm Monk beim Arm und schloß sich dem Strom der Menschen an, der wie ein massiver Keil die Hauptallee der Festwiese entlangwogte.

Die Deutschen schoben sich langsam und geduldig vorwärts in dem erschreckenden Massenbetrieb, der zum Wesen ihres Lebens zu gehören scheint; sie fügten sich höchst befriedigt der Bewegung der Menge, gaben sich selbst auf und wurden ein Teil der großen Bestie, die sie umgab. Ihre schwerfälligen Körper drängelten und stießen rauh und linkisch aneinander, aber darin lag nichts Unfreundliches. Sie johlten sowohl ihren Bekannten wie fremden Menschen zu, begrüßten einander und machten Witze, während sie, Männer wie Frauen, zu sechst oder acht in langen Reihen eingehakt, dahinzogen.

Heinrich Bahr war nun sehr aufgekratzt und lustig und lachte und kicherte ununterbrochen vor sich hin; bald schob er seine Hand freundschaftlich-überredend unter Monks Arm und sagte: »Kommen Sie! Jetzt sehn wir uns den gebratenen Ochsen an.«

Bei dem Gedanken an einen gebratenen Ochsen erwachte in Monk augenblicklich wieder der Riesenhunger, ein Hunger nach Fleisch, wie er ihn noch nie gespürt hatte – er wollte den gebratenen Ochsen nicht nur ansehen, er wollte große Stücke davon verschlingen. Er hatte bereits festgestellt, was diesen Rummelplatz von jedem anderen unterschied: die große Anzahl großer und kleiner Buden, in denen gebratenes oder kaltes Fleisch verkauft wurde. In manchen hingen lange Ketten und Girlanden von Würsten an den Wänden, während in anderen ständig der Dampf brutzelnden Fleisches von jeder Art und Größe aufstieg – ein Duft, der ihn fast verrückt machte. In der kalten, dünnen Luft schien über der dichten, sich langsam weiterschiebenden Menschenmasse auf ewig der Duft des frischgeschlachteten Fleisches zu lagern.

Nun aber standen sie vor einem langen, geräumigen Zelt,

dessen Vorderfront bunt bemalt war und über dem Eingang das überlebensgroße Konterfei eines Ochsen trug. Es war die Ochsenbraterei, in der bereits ein derartiges Gedränge herrschte, daß ein Mann den Eingang mit ausgebreiteten Armen vor dem Ansturm der Menge schützen mußte. Man müsse sich noch eine Viertelstunde gedulden, hieß es, und Monk, der etwas von der enormen Geduld dieser Leute auf sich übergehen fühlte, schloß sich mit Heinrich der Menge an; sie warteten ebenso folgsam wie die anderen, die keinen Versuch machten, die Schranken zu durchbrechen. Bald wurde der Eingang freigegeben, und alles strömte hinein.

Sie standen in einem breiten, langen Zelt, erfüllt von dichtem Tabaksqualm, der die Luft fast so undurchdringlich wie einen echten Londoner Nebel machte. Am entgegengesetzten Ende des Raumes befanden sich zwei Becken mit rotglühenden Kohlen, über denen sich an eisernen Spießen langsam zwei große Ochsen drehten.

Nach der beißenden Frische der Oktoberluft war es hier drin sehr warm – geheizt von der ganz besonderen, animalischen Wärme der vielen tausend Körper, die in dem geschlossenen Raum zusammengepfercht waren. Dazu kam der alles beherrschende Speisengeruch: Hunderte von Tischen waren von Leuten besetzt, die das Fleisch zentnerweise vertilgten – Ochsenfleisch, große Platten mit kaltem Aufschnitt oder riesige Scheiben Kalbs- oder Schweinebraten – und dazu aus überschäumenden großen Literkrügen das kalte, starke Oktoberbier tranken. Der Raum dröhnte von dem an- und abschwellenden Stimmengesumm und von dem alles übertönenden Klappern schwerer Teller und Messer. In den Mittel- und Seitengängen fluktuierte ein ständig neuer Strom von Gästen, die sich in dem überfüllten Zelt unruhig nach freien Plätzen umsahen. Die Kellnerinnen – kräftig-dralle Bauernmädchen – bahnten sich rücksichtslos ihren Weg durch die Menge und stießen jeden, der ihnen im Wege war, mit der freien Hand beiseite, während die andere Hand mehrere Fleischplatten oder ein halbes Dutzend Maßkrüge balancierte.

Heinrich und Monk ließen sich langsam von der Menge den Mittelgang entlangtreiben. Die Esser waren vorwiegend große, plumpe Leute, deren Gesichter bereits die aufgedunsene Zufriedenheit satter Schweine zeigten. Das viele Essen und Trinken machte ihren Blick stier und verschwommen, und viele starrten mit einem stumpfsinnigen, halb betäubten Ausdruck in die Gegend. Tatsächlich war die Luft zum Schneiden dick und so penetrant, daß einem die Sinne schwinden konnten. Monk war daher sehr einverstanden, als Heinrich, nachdem sie dem großen Ochsen-Braten ein Weilchen zugesehen hatten, einen Lokalwechsel vorschlug.

In der scharfen Luft erwachte er sofort wieder aus seiner Lethargie; er begann sich wieder munter und interessiert umzusehen. Mit dem sinkenden Abend strömten immer mehr Gäste herbei: offenbar gehörte der Abend ganz den soliden Freuden des Essens und Biertrinkens.

Zwischen den kleineren Baulichkeiten der Festwiese thronten, wie Löwen unter einem Haufen kleineren Getiers, die großen Bierhallen der berühmten Brauereien. Im Vergleich zu den Menschenmengen, die diese riesigen, mehrere tausend Menschen fassenden Zelte füllten, erschien das Gedränge vor den Buden und sonstigen Attraktionen nur gering. In der Ferne sah Monk nun die große rote Fassade der Löwenbrauerei, deren Eingang von zwei königlich stolzen, sitzenden Löwen flankiert war. Als sie sich jedoch der von tobendem Gebrüll erfüllten Bierhalle näherten, zeigte es sich, daß auch hier nicht ein freier Platz mehr zu finden war: Tausende saßen schon lärmend beim Bier, und Hunderte drängten sich unaufhörlich in den Gängen.

Nachdem sie aus mehreren anderen Bierhallen erfolglos wieder herausgegangen waren, fanden sie schließlich ein Restaurant, vor dem sich, durch eine Hecke gegen das Gedränge abgeschirmt, ein kleiner Kiesplatz mit einigen Tischen befand, von denen nur wenige besetzt waren. Die Dunkelheit brach rasch herein, und die Luft wurde scharf und frostig, so daß jedermann eilig der animalischen Wärme und dem orkanartig tobenden Lärm der Bierseligkeit in den großen Hallen zustrebte. Aber sie waren beide müde und abgespannt von Aufregung und Gedränge, von dem lärmenden Riesenkaleidoskop der Farben und Sensationen, das sie in sich aufgenommen hatten.

»Setzen wir uns doch hierher«, meinte Monk und deutete auf einen freien Tisch.

Nachdem Heinrich unruhig durch ein Fenster in das qualmerfüllte Chaos gespäht hatte, in dem schattenhafte Gestalten wie im Nebel verirrte Gespenster in den Dämpfen von Walhall hin und her wogten, willigte er ein und setzte sich – wenn auch mit unverhohlener Enttäuschung. »Es ist so schön da drin«, sagte er. »Eigentlich sollten Sie das nicht versäumen.«

Eine Kellnerin, in jeder ihrer kräftigen Hände sechs Maßkrüge des starken Oktoberbiers, kam an ihren Tisch und fragte mit freundlich einladendem Lächeln: »Hell oder dunkel?«

»Dunkel«, antworteten sie, und schon hatte sie zwei schäumende Maßkrüge vor sie hingestellt und war zum nächsten Tisch gegangen.

»Überall Bier!« meinte Monk verwundert. »Wieso eigentlich? Wieso geht man hierher Bier trinken? Warum schlagen die berühmten Brauereien so viele große Zelte auf, wo doch ganz München voll ist von Bierrestaurants, in denen man das berühmte Bier trinken kann?«

»Das schon – *aber* ...«, antwortete Heinrich und fuhr bedeutsam lächelnd fort: »... das hier ist doch Oktoberbier. Das ist beinah doppelt so stark wie gewöhnliches Bier.«

Dann griffen sie zu den hohen Maßkrügen, stießen an und sagten »Prosit!«, und dann tranken sie in langen, tiefen Zügen das kalte, starke Getränk, das in der belebend scharfen, frostigen Herbstluft prickelnd und kraftvoll ins Blut ging. Alle Leute ringsum aßen und tranken. Am Nachbartisch saß eine Bauernfamilie in bunter Tracht vor ihren Bierkrügen; nun packten sie ihre mitgebrachten Eßwaren aus, der Tisch bedeckte sich mit verschwenderischen Mengen, und sie gaben sich, ohne nach rechts oder links zu sehen, der Tätigkeit des Essens und Trinkens hin. Der Mann, ein zäher Bursche mit dickem Schnurrbart und weißen Wollstrümpfen, die seine muskulösen Waden bedeckten, aber Knie und Füße frei ließen, zog ein großes Messer aus der Tasche und köpfte damit einige Salzfische, die im Abendlicht in schönen goldenen Farben schimmerten. Die Frau vervollständigte das Mahl mit einer Anzahl Brötchen, einem Bund Radieschen und einem großen Stück Leberwurst. Die beiden blauäugigen Kinder – ein Junge und ein Mädchen mit langen blonden Zöpfen, die vorn über ihre Schultern fielen – sahen stumm und aufmerksam, mit einer tierhaften Konzentration auf ihren Hunger, den Eltern zu, die das Essen aufschnitten und austeilten. Dann vertieften sich alle vier aufmerksam, stumm und gefräßig ins Essen und Trinken.

Jedermann aß und jedermann trank. Monk wurde von einem rasenden Hunger gepackt – von einem Wahnsinnshunger, der nicht zu stillen war, der allen Ochsenbraten, alle Würste und allen Salzfisch der Welt auffressen wollte. Es gab nichts als Essen auf der Welt – herrliches Essen, und Bier – Oktoberbier! Die Welt war ein enormer Bauch, und keine himmlische Seligkeit reichte an dieses gierige Freß- und Saufparadies heran. Hier gab es keine inneren Qualen. Was wußten diese Menschen von Büchern oder von Bildern? Was wußten sie von den millionenfachen Stürmen der Seele, von den Konflikten und Qualen des Geistes, von Hoffnungen und Ängsten, von Haß, Ehrgeiz und Versagen – von der ganzen fiebergepeitschten Vielfalt des modernen Lebens? Sie lebten nur, um zu essen und zu trinken – und in diesem Augenblick fand Monk, daß sie recht hatten.

Die Eingangstüren der großen Halle gingen ständig auf und zu, während der Strom von Bierdurstigen sich unablässig geduldig hineindrängte. Aus dem Innern hörte Monk das Geschmetter einer riesigen Blaskapelle und das Gebrüll von fünftausend Biertrinkern, die zum Takt von »Trink, trink, Brüderlein trink!« schunkelten.

Monk und Heinrich wurden von einem wilden Hunger gepackt. Sie riefen laut nach der geschäftig vorübereilenden Kellnerin, aber die sagte ihnen, warme Speisen würden nur drinnen serviert. Gleich darauf schickte sie jedoch ein anderes Mädchen zu ihnen, die in einem riesigen Korb eine Auswahl kalter Speisen brachte. Monk nahm zwei sehr lecker mit Salzfischen und Zwiebeln belegte Brötchen und eine große Scheibe Leberkäs. Auch Heinrich suchte sich zwei oder drei Brötchen aus, und nachdem sie jeder noch ein Liter Dunkles bestellt hatten, machten sie sich über ihr Essen her. Inzwischen war es dunkel geworden, alle Gebäude und Attraktionen der Wies'n strahlten in heller Festbeleuchtung, und über dem weithin strahlenden Lichtbereich inmitten der dunklen Nacht wogte an- und abschwellend der Lärm der brüllenden und essenden Riesenmenge.

Als sie aufgegessen und ausgetrunken hatten, schlug Heinrich vor, jetzt einen energischen Vorstoß zu unternehmen, um in der Halle Platz zu finden. Monk, der vorhin noch einen Widerwillen gegen das verqualmte, tobende Chaos der Halle empfunden hatte, war zu seiner eigenen Überraschung freudig bereit, sich in das Gewühl der bierseligen Esser zu stürzen. Gehorsam schloß er sich den geduldigen Deutschen an, die langsam durch die Eingangstüren drängten, und gleich darauf schlug der orkanartige Lärm der Betrunkenen über ihm zusammen. Geduldig trieb er mit der Menge dahin, die sich, nach Plätzen Ausschau haltend, langsam um den großen Raum herumschob. Heinrich spähte durch den Qualm, der wie der Pulverdampf eines Schlachtfeldes über der großen Halle lagerte, und bald hatte er zwei Plätze entdeckt, unweit des hölzernen Podiums in der Mitte des Raumes, auf dem inmitten dichter Nebelschwaden vierzig Männer in bayerischer Tracht auf ihren Blechinstrumenten einen ohrenbetäubenden Lärm vollführten. Zielbewußt stürzten sie sich auf die Plätze, halb stoßend und halb über bierbenommene Körper fallend, die nicht einmal protestierten.

Schließlich saßen sie keuchend, aber triumphierend im Mittelpunkt des tobenden Gebrülls und bestellten zwei Li-

ter dunkles Bier und zwei Portionen Schweinswürstl mit Sauerkraut. Die Kapelle blies »Ein Prosit! Ein Prosit!«, alle Leute waren aufgestanden, hatten einander untergehakt und schunkelten mit erhobenen Maßkrügen zu dem großen Trinklied.

Diese zu Kreisen zusammengeschlossenen Menschen in der großen, düsteren Halle wirkten fast übernatürlich, als vollführten sie einen alten Ritus: Man spürte etwas, was zum Wesen dieser Rasse gehörte, etwas Fremdartig-Dunkles, Asiatisches, das noch älter war als die alten Barbarenwälder, etwas, was einmal einen Altar umtanzt, das Menschenopfer dargebracht und verbranntes Menschenfleisch verschlungen hatte.

Die Halle dröhnte von ihren mächtigen Stimmen und bebte unter ihren mächtigen Körpern; während sie so hin und her schwankten, schien es Monk, als könnte nichts auf Erden ihnen widerstehen – als würden sie alles zerschmettern, was sich ihnen entgegenstellte. Er verstand nun, warum sie bei anderen Nationen so gefürchtet waren, denn plötzlich wurde er selber von einer tödlich-schrecklichen, herzbeklemmenden Furcht vor ihnen ergriffen. Ihm war so zumute, als erwachte er in einem fremden Barbarenwald aus einem tiefen Traum und sähe lauter barbarischwilde Gesichter im Kreise über sich gebeugt; blondzöpfig und blondbärtig, auf mächtige Lanzenschäfte und fellüberzogene Schilde gestützt, blickten sie auf ihn herab. Sie hatten ihn eingeschlossen, es gab kein Entrinnen. Er dachte an alles Bekannte und Vertraute, das unendlich fern zu liegen schien – nicht nur in einer anderen Welt, sondern auch in einer anderen Zeit, versunken in die Meerestiefe eines Zeitalters, das durch Äonen von diesem alten, dunklen Barbarenwald getrennt war. Mit fast freundschaftlicher Wärme gedachte er der fremdartig-dunklen Gesichter der Franzosen, ihres Zynismus und ihrer Unehrlichkeit, ihrer hastig-erregten Stimmen, ihres zierlichen Wuchses und ihrer kleinen Eigenheiten; selbst die banale Leichtfertigkeit ihrer Unzucht kam ihm nun freundlich-vertraut vor – eine anmutig-reizende Spielerei. Und auch die pfeiferauchenden, sturen Engländer mit ihren Pubs und ihrem bitteren Bier, mit ihrem Nebel und Sprühregen und mit ihren raffzähnigen, wiehernden Frauen – auch sie erschienen ihm nun so unsäglich warm, freundlich und vertraut, daß er sich nach England sehnte.

Auf einmal aber schob sich eine Hand durch seinen Arm, und durch den dröhnenden Nebel schlug eine Stimme an sein Ohr. Als er sich umwandte, sah er das lustig lächelnde, gerötete Gesicht eines hübschen Mädchens neben sich. Sie zog ihn gutmütig-ausgelassen am Arm, sagte irgend etwas und deutete mit dem Kopf auf seine andere Seite; dort stand ihr junger Begleiter, der Monk ebenfalls mit glückseligem Lächeln seinen Arm bot. Monk warf einen Blick zu Heinrich hinüber, dessen einsames, blasses, von Narben zerfurchtes Gesicht nun auch von einem glücklichen Lächeln verklärt war. Er nickte Monk zu, und nun hakten sie sich alle unter, schwankten und schunkelten, sangen mit im Takt der mächtig dröhnenden Stimmen, schwankten und schunkelten und sangen, von der Kapelle begleitet, im Chor: »Ein Prosit! ...« Als die Kapelle schließlich schwieg, waren alle Schranken gefallen; mit glücklich geröteten Gesichtern lachten sie einander an und stimmten in das tosende Beifallsgebrüll der Menge ein. Dann setzten sich alle lachend und schwatzend wieder hin.

Es gab nun keine Schranken der Fremdheit mehr. Schwatzend, essend und trinkend wurden sie zu einer großen Gemeinschaft. Monk goß Liter auf Liter des kalten, zu Kopf steigenden Bieres in sich hinein. Je benebelter sein Gehirn wurde, desto glücklicher fühlte er sich. Er unterhielt sich nun hemmungslos in seinem gebrochenen Deutsch und fand es nicht schlimm, wenn Heinrich ihm hin und wieder aushalf. Er hatte das Gefühl, als hätte er diese Leute schon immer gekannt. Das junge Mädchen mit dem hübschen, lustigen Gesicht bemühte sich eifrig, herauszukriegen, wer er sei und was er für einen Beruf habe. Er wollte es ihr nicht sagen und führte sie aufs Glatteis. Er erfand ein Dutzend Versionen: er sei Kaufmann – er sei Norweger oder auch Australier, er sei Zimmermann oder Matrose – was ihm gerade in den Kopf kam; Heinrich flunkerte wacker mit und unterstützte seinen Unsinn. Aber das Mädchen klatschte in die Hände und rief schadenfroh: nein, sie wisse es schon – er sei Künstler, wahrscheinlich Maler – jedenfalls ein schaffender Mensch. Alle bestürmten Heinrich mit Fragen, und er nickte lächelnd und sagte, Monk sei zwar kein Maler, aber Schriftsteller – er sagte »Dichter«. Daraufhin nickten alle sehr befriedigt, und das Mädchen klatschte wieder schadenfroh in die Hände und rief, sie habe es doch gleich gesagt. Und dann tranken sie wieder, hakten sich unter und schwankten und schunkelten im Kreise. Inzwischen war es spät geworden, und die Halle begann sich zu leeren; bald standen auch sie auf, und alle sechs – das Mädchen und eine Freundin, ihre beiden jungen Burschen, Heinrich und Monk – ließen sich von der fröhlich singenden Menge hinaustreiben und schoben sich Arm in Arm singend durch das Gewühl.

Dann verabschiedeten sich Monk und Heinrich von den vier jungen Leuten aus dem Herzen Deutschlands, mit denen das Leben sie zusammengeführt hatte. Monk würde sie nie wiedersehen, auch nicht das fröhlich lächelnde, gerötete Gesicht des jungen Mädchens. Sie gingen auseinander, ohne nach ihren Namen gefragt zu haben; sie gingen auseinander und verloren sich aus den Augen, und in ihren Herzen waren Wärme, Freundschaft und Zuneigung.

Sie gingen ihrer Wege, und auch Monk und Heinrich gingen ihres Weges. Der dröhnende Lärm der Wies'n hinter ihnen wurde schwächer und verklang, bis man nur noch ein fernes, schläfriges Murmeln hörte. Bald erreichten sie, Arm in Arm ausschreitend, den Bahnhof und das alte Herz Münchens, überquerten den Karlsplatz und standen bald vor ihrer Behausung in der Theresienstraße.

Aber sie waren noch gar nicht müde und hatten eigentlich noch gar keine Lust, nach Hause zu gehen. Ihre Köpfe und Herzen waren berauscht vom starken Bier, mehr aber noch von Kameradschaft und Zuneigung, von Freundschaft und menschlicher Wärme. Solch ein Rausch war ein seltenes, kostbares Ding, das wußten sie, sie wollten den wunderbaren, zauberhaften Augenblick der Freude, der doch einmal enden mußte, festhalten.

Es war eine herrliche Nacht. Die Luft war scharf und frostig, die Straße menschenleer. Weit weg, wie die Stimme der Zeit, wie das unaufhörlich-bedeutsame Murmeln der Ewigkeit, wogte das schläfrig-ferne Gesumm des großen Festes. Am wolkenlosen, sternklaren Himmel schimmerte ein strahlend heller Mond. Einen Augenblick blieben sie vor dem Hause stehen, um dann in impulsivem Einverständnis weiterzuziehen. Sie gingen durch die Straßen, vorbei an dem gewaltig-stummen, mondbeglänzten Bau der Alten Pinakothek, sie betraten die Anlagen, wanderten hin und her und lauschten dem reinlichen Geräusch ihrer Schritte auf den reinlichen Kieswegen. Sie gingen Arm in Arm und schwatzten, sangen und lachten.

»Ein Dichter, ja«, rief Heinrich und sah begeistert zum hell schimmernden Mond hinauf. »Ein Dichter, ja!« rief er noch einmal. »Die Leute kannten dich nicht und haben es gleich gesagt, daß du ein Dichter bist! Und du bist auch einer!«

Ein glücklicher Ausdruck hatte sein einsames, ausgehöhltes narbenentstelltes Gesicht verwandelt. So gingen und gingen sie durch die mondbeschienenen Straßen. Sie empfanden etwas Unsagbares, etwas unendlich Kostbares, sie spürten die unsichtbare Welt, die sie sehen mußten, die Welt der Wärme, der Freude und eines Glückes, das greifbar vor ihnen lag, eine Welt ungeahnter Freuden, zu denen es nur noch ein Schritt war. Und so gingen und gingen sie durch die Straßen. Der Mond glänzte hell und kalt an dem weißlich schimmernden Himmel. Alle Türen in den hellen Straßen waren geschlossen, und in der Ferne murmelte langsam verstummend das große Fest. Und sie gingen heim.

[1938]

Josef Maria Lutz
Der Ochse August

In der Ochsenbraterei auf dem Oktoberfest in München setzte ich mich zu einem Mann, der mir nicht durchaus oktoberfestlich gestimmt schien. Er begrüßte mich jedoch freundlich und deutete, das Gespräch beginnend, auf den Ochsen im Hintergrund der Halle, der eben im Drehen innehielt:

»Jatzt is er ferti – iatzt können S' oan hab'n«, sagt er.

Und wie zur Bestätigung brachte die Kellnerin eine der ersten Portionen meinem Tischgenossen. Die Portion war so schön knusperig und duftete so heiß und herrlich, daß ich ebenfalls sofort bestellte. Mein Nachbar machte sich nun mit liebevoller Umständlichkeit an seinem Essen zu schaffen. Er roch am Fleisch, drückte leise mit der Gabel darauf, daß es mürbe nachgab und der Saft hervorquoll, betupfte zart mit dem Messer die Kruste und schnitt sich dann erst einen Bissen ab.

»Der is richti«, erklärte er mir darauf, »so muaß er sei – schö weich, aber doch kernig im Biß und die Kruste net z' hart – der is richti. Das liegt net bloß am Braten, so a Ochs muaß aa die richtige Mast hab'n.«

Inzwischen war auch meine Portion gekommen, ich probierte und bestätigte vollauf das eben gespendete Lob. Dadurch angeeifert begann mein Nachbar wieder:

»Des war ein guater Ochs, kann ich Eahna sag'n – ›August‹ hat er g'hoaß'n.«

»Warum?« fragte ich nun doch, »haben Sie den Ochsen näher gekannt?«

Er rückte vertraulich zu mir heran. –

»Freili hab i ’n näher kennt – weil er Eahna so guat schmeckt, iatzt sag i ’s Eahna: des war mei Ochs!«

»Soso, Eahna Ochs?!«

»Jawoi, mei Ochs – i bin eigens reig’fahr’n nach Münka – da muaß i anstandshalber do dabei sei, wenn mei ›August‹ brat’n werd, net wahr.«

Ich bestätigte und meinte: »Also deswegen san S’ a bißl trauri?«

Er tat einen tiefen Schluck aus seiner Maß.

»Geln S’, hab’n Sie’s g’spannt«, sagte er, »wenn ma zwoa Jahr lang z’samng’arbat hat, nacha is des halt do eine Art Trauerfeier, net wahr.«

Ich nickte stumm, um diese Trauerfeier nicht zu stören. Er begann wieder: »Es gibt so viele Ochsen auf der Welt – und grad den mein’ trifft’s aufs Oktoberfest, des is halt Schicksal, net wahr.«

Ich bestätigte, indes er wieder einen tiefen Zug tat.

»Aber, wenn man’s g’nau betracht’«, fuhr er wieder fort, »ein schönes Schicksal is’s eigentlich aa. Woaßt net, in welchene Häuser und welchene Suppenhaferl andere Ochsen neikemma, bevor’s g’fress’n wer’n – aber mei August, so in Glanz und Glori und in allen Ehren, des is halt do was anders.«

Wie zur Bestätigung seiner Ansicht fing die Musik den Tölzer Schützenmarsch zu spielen an.

»Wissen S’, von der Ochsenmast versteh i was«, wandte sich mein Freund wieder an mich, »d’ Hauptsach is, neben dem richtigen Futter, daß man’s net überanstrengt. Allaweil schö langsam geh lass’n, pressiert ja net. Ob’s iatzt schnell gehnga oder langsam, g’schlacht werden’s ja doch, is also eh gleich. Bei uns is’s ja im Grunde aa net anders.

Und wenn oaner nacha no dazua seine neun Zentner mit eahm rumschleppt, wie mei August, nacha geht er halt langsamer, des gaang uns grad a so. – Prost, Herr Nachbar – Durst macht er, mei August.«

Wir tranken. Mein Nachbar war mit seiner Portion fertig. Er rief die Kellnerin und bestellte sich eine zweite.

»Wissen S'«, erklärte er mir, »am liabsten taat ich ihn ganz alloa fress'n, aber das geht halt leider net – aber zwoa Portionen, des kann er scho verlanga, mei August.«

Die zweite Portion kam und wurde wieder über alles Lob erhaben befunden.

»Des is halt Schicksal«, philosophierte wieder mein Freund, »den oan von uns haut's sang- und klanglos in d' Gruab'n nei und den anderen fressen's in Glanz und Glori auf'm Oktoberfest. Ma derf net z'viel nachdenka, sunst werat ma glei spintisierat aa. Des ist halt der Lauf der Welt – aber in diesem Fall: wenn's oaner verdeant hat, die Ehre, nacha hat's mei August verdeant, da hat's amal ausnahmsweise koan Unrecht'n troffa – prost, Herr Nachbar!«

[1942]

Rolf Flügel
Wies'n-Impressionen Anno 1947

Wenn die ersten Lichterketten über den Rotunden der Karussells aufflammen und die zarten Wolkenstreifen im Westen über den Trümmern der Bavariahöhe sich mit violetten Schatten überziehen, ist es fast so, als ob. Über dieses Als-ob ist von einem Philosophen schon einmal ein dickes Buch geschrieben worden; wir aber haben mit ihm fertig zu werden als einem Teil unseres praktischen Lebens.

Wer noch Erinnerungen in sich trägt, oktoberfestliche Erinnerungen, wappne sich mit einem harten Herzen. Es kann sein, daß ihn einmal von irgendwoher ein Steckerlfisch-Wind trifft. Dann ist es noch am vollkommensten. Warnung! Gehe dem Geruch nicht nach. An seinem Ende oder besser Anfang triffst du auf Bratheringe (du hast schon längst keinen Mut mehr zu sagen: kümmerliche Bratheringe) und vor ihnen, sich windend und mäanderartig gekrümmt, die Schlange. Überhaupt ist das hier wie vor den Milchläden; nur stehen in der Hauptsache keine Hausfrauen an.

Vor der Geisterbahn wartet die Kette der Pärchen. Bei Gott, es ist die alte Geisterbahn, es ist die alte Lust. Wie vielen hat man seitdem von der Geisterbahn erzählt, von den Spukerscheinungen und den klappernden Gerippen, von den im Dunkel herunterhängenden Haaren, von dem schrecklichen Geheul und der undurchdringlichen Finsternis, aus der plötzlich ein rotflammender Teufel auftauchte und die Zunge bleckte. Jedes Wägelchen faßte zwei Personen. Das war das Ei des Kolumbus, da nach menschlichem Ermessen zu rechnen war, daß das Mädchen aus Furcht »seine« Nähe suchte.

Wie hieß denn nur die letzte, mit der man dort gefahren war? Ihr Mund schmeckte ein wenig nach türkischem Honig, ein wenig nach Märzenbier. Keine Mischung konnte dies übertreffen.

Nun stehen sie wieder vor der Geisterbahn und warten auf Einlaß. Überall warten sie auf Einlaß, es sei denn, ein Schild erklärt die Situation: Bratwürstl ausverkauft. Dafür gibt es Busserl. Sie bewegen sich am Rande des Ungenießbaren und auch ein in schlimmen Monaten abgehärteter deutscher Magen versucht, wenn auch ohne den nötigen Nachdruck, einige Abwehrbewegungen. An weiteren Wies'n-Spezialitäten finden sich Brote mit markenlosem Aufstrich und um ein Stück Hering herumgeklappte Semmeln. Wirklich, man könnte glauben, München liege an der Wesermündung. Ein Wurststand frettet irgendwo sein Dasein. Auswahl? Eben wird das letzte Scheibchen heruntergesäbelt.

Es ist sechs Uhr. Unter einem großen und einem kleinen Zelt wird das Dünnbier ausgeschenkt. Nur die Kapelle ist hochprozentig. Die grünen Velourhüte mit dem Adlerflaum sind, wie man sehen kann, unbeschädigt durch den Krieg gekommen und auch die messingnen Musikgeräte, von den kleinen, handlichen, aber durchdringende Tonpfeile abschießenden Instrumenten bis zu den Brummenden von Rubensscher Formengewalt. Einmal versuchen sie ein Prosit der Gemütlichkeit; es reicht aber nur bis zum Als-ob.

Den Eintrittspreisrekord hält die Liliputstadt mit 2 Mark für Erwachsene. Nun, auch Liliputmägen wollen gefüllt sein. Ein Kind, ein vielleicht zwölfjähriges Kind, das vor mir die kleinen Herren und Damen in ihren Stuben betrachtet, frägt, ob »die da drinnen« Lebensmittelkarten für Erwachsene bekämen? Es ist doch eine verdammte Zeit! Am nettesten sind noch die gerade dem Babyalter entwachsenen Kinder auf der Krinoline, hingenuschelt an den Schoß der Mutter.

Im übrigen hat das technische Zeitalter, von dem viele meinen, daß es der Teufel holen solle, auch vor den Volksbelustigungen nicht haltgemacht. Der Zentrifugalkraft wurden neue Effekte abgerungen und die Umdrehungsgeschwindigkeiten erhöht. Aber vermutlich sind diese taumelerzeugenden Betäubungsmaschinen mehr ein Symbol der verirrten Seele, eine Manifestation jenes Leerlaufes, zu dem unser armes Leben, nur teilweise durch eigene Schuld, geworden ist, und der sich nur dadurch erhalten kann, daß er seine Drehzahl erhöht. Man hört auch kaum mehr einen Juh-Schrei. Die Leute zahlen ihre 50 Pfennig, um sich dann mit geschlossenen Augen einem Bezirk anheimzugeben, wo die Bewußtseinsstörungen ihren Sitz haben.

Über den Bogenlampen und den vielen anderen Lampen liegt mit schwarzer Tusche hingemalt der nächtliche Himmel. Der Mechanismus der Orgeln ist von einer erbarmungslosen Exaktheit.

»Da sans früher daherkemma!« – »Wie bitte?«

»Da sans früher daherkemma ... vierspanni!« – »Wer denn?« –

»Und wia die Roß stolz warn!« – »Was denn für Roß?« –

»Die Roß von die Bierwagn ... und auf an jeden Faßl war mit Kreidn was naufgschriebm ... wissen S', was das bedeut hat?« –

Wenn man damit anfangen wollte! Mit den Vergleichen! Niemand zog sein bestes Sach aus dem Schrank, wenn er sich auf der Wies'n verabredet hatte, aber wer heute durch die drei oder vier Budenstraßen schlendert und ein wenig die Besucherscharen mustert, merkt, was mit uns vorgegangen ist. Wir meinen nicht die mehr und mehr heraufziehende Armut (denn die ist unser aller Los, die Schwarzhändler abgerechnet, die für 20 Mark hintereinander Scooter fahren), wir meinen den verschlampten Dreck, eine Nachlässigkeit, die nie und nimmer münchnerisch gewesen ist, wo noch das Bescheidene einen stillen, freundlichen Glanz zu entfalten vermochte. Wir meinen die Halbwüchsigen und die sechzehnjährigen Flitscherl, mit betonten Hüften und schrecklich hergerichteten schmuddeligen Wasserfall-Frisuren, Schminke in den ungewaschenen Gesichtern. Nein, so geht es nicht und es ist auch das Ende der Anmut. Wann treten die Richter zusammen, um über solche Eltern ihren Schuldspruch zu fällen? –

Noch etwas: auch die Luftballons fehlen, die blauen und roten, die an einem Knopf vor Anker lagen, um bei der ersten Gelegenheit in den Himmel zu fliegen, oktoberfestliche Brieftauben, die in die Sonne stürzen mußten, da sie niemals mehr zurückkamen.

Wer wollte nicht gern den Eintritt bezahlen, wenn solcher Jubel aus dem Innern schallt und besondere Genüsse verspricht. Es beginnt mit einem einfallslosen, finsteren Weg und endet auf einer Bühne, zu der die Menge, des Schauspiels gewärtig, mit glänzenden Augen starrt. Hier wird der zahlende Gast zum Akteur, oder besser zur Aktrice. Ein Bodenwind hebt die Röcke, das Auditorium erfreut sich an der Unterwäsche und die Mädchen und Frauen tun nach ungeschriebenen Spielregeln durch schrille Ausrufe kund, daß sie völlig überrascht und tödlich erschrocken sind. Das Gegenteil ist der Fall; doch bleibt das natürlich unter uns.

Die Schießbuden sind abgeschafft; um so mehr wird mit Bällen geworfen. Die Gewinne bestehen zum größten Teil aus dem allerletzten Bazarschund. Man müßte mit den Bällen nach ihnen werfen und die Pyramiden der Konservendosen in Ruhe lassen.

Eine letzte Feststellung: Die Lukasbesitzer würden gut daran tun, einige Widerstände aus ihrem Kraftmesser zu entfernen. Es kracht nicht mehr! (Siehe unter Kalorien!)

»Was tuat denn der Baba?«, ruft das Kind erschrocken

dem hammerschwingenden Vater zu. So voller Rage hat es ihn noch nie gesehen.

»Sei stad!«, wendet die Mutter ein, »glei wird's kracha.« –

Ja Schnecken, und noch am Sendlingertorplatz, wo die Familie auf die Trambahn wartet, will das enttäuschte Kind wissen, wo es denn habe krachen sollen? –

Siegfried Sommer
Blasius geht auf die Wiesn'n

»Desmoi gibt's feste Schleg fia G'schäftsleit«, sagte der Augustinerwirt Meier zum Spaziergänger, als ihn dieser um die finanziellen Erfolgsaussichten der Wiesenunternehmer befragte. In der Tat, als Blasius an einem feldgrauen Regennachmittag in die Budenstadt eindringt, empfängt ihn eine Straße des Gähnens. Wie feuchtes Seegras hängen die Zwiebeln aus den Sardinenbroten, die Gesichter der Obsthändler sind noch saurer als ihre Trauben, und die Schleien und Hechte über den Holzkohlenfeuern singen lustlos und traurig das Lied vom stummen Fisch.

»De ganze Wies'n is übazücht'«, sagt der Heringsbrater Jakob Resl und haucht seinen Proletarierforellen mit einem Ruck die eisernen Seelen ein, daß sie hinten noch ein gutes Stück herausschauen.

In leiser Wehmut denkt Blasius an jene Zeiten, wo man aus den vielen Attraktionen und Abnormitätenschauen mit der schmunzelnden Feststellung herausging: »Für Dummheit muaß ma hoid Steuer zahl'n«, aber doch keinem Menschen böse war. Heute wird man elegant abgekocht mit

Ei. Blasius liest die kriminellen Eintrittspreise am Rotor und den Flying Cars. Auch ein neues Fuhrunternehmen, bei dem man für einen Stutz motorrollen kann, hat einen üblen Kurs. Aber das Münchner Publikum ist gar nicht so dumm, wie es auf den Wiesenkarten dargestellt wird, und deshalb gibt's für diese Geschäfte diesmal ein festes finanzielles Pitsch-Patsch. An den vielen Schießbuden beobachtet der Spaziergänger mit leisem Bauchweh, wie die jungen Burschen die nagelneuen Kolbenhälse der Luftgewehre schon wieder »saugend« und »schraubend« umfassen.

In einer Schiffschaukel entdeckt Blasius den linken Schächer aus den Oberammergauer Festspielen zusammen mit einer Frühvollendeten aus der Trappentreustraße. Es war ihm also doch nicht ernst mit der Bekehrung. Dann fährt Blasius mit dem »Bumerang«, aber nur einmal, dann ist er bedient; doch er tröstet sich, daß so eine Fahrt ganz sicher aufs Sterben angerechnet wird. Lange steht der Spaziergänger unter dem Toboggan, und er wird auch nicht enttäuscht, denn er kann seine Augen bei den gefallenen Mädchen oft bis über den verbotenen 38. Breitengrad hinauf spazierenführen. »Die ganze Welt spricht von Rubini«, steht an einer Jahrmarktsbude, und Blasius ist tief beschämt, weil er von Rubini noch nie etwas gehört hat. Vor einem anderen Etablissement steht ein frierendes Mädchen, mager wie ein Gartenstuhl und mit Goldbronze bestrichen wie die Tannenzapfen an einem Weihnachtsbaum. Ein mäßig solid aussehender Impresario, dem die verrunzelten Augen im Gesicht kleben wie die Weinbeerln in einem Allerseelenzopf, versichert, daß sich das goldene Mädchen im Innern der Schau völlig entkleiden werde, worauf sich sofort alle Zuschauer fluchtartig entfernen.

In einem Bierzelt trifft der Spaziergänger auf den gar nicht mehr fritschen Willy Fritsch. »Dea wead aa ollawei volla im G'sicht – aba volla Falt'n«, meint ein boshafter Herr mit einem runden Fußballkopf. Blasius stellt mit Verstimmung fest, daß die Musik in den Bierzelten zahlreiche Pausen spielt. Die Akademikerboxen schwelgen in Erwartung der kommenden Konjunktur. Die Senioren mit den Rasiermessernarben stehen bei jedem Schluck Bier auf, halten die Maßkrüge an die unsichtbaren Koppelschlösser, kneifen die hinteren Wangen zusammen und knallen dann mit den Hacken: »Jestatt'n ...« [1950]

Wolfgang Koeppen

...

Der zweite Höhepunkt ist das Oktoberfest. Die Bavaria steht auf der Theresienhöhe stolz vor einer leeren Ruhmeshalle. Mit dem Lorbeerkranz in der Linken ist sie seit Jahren bereit, irgend jemand zu krönen. Den bayerischen Löwen hält sie mühsam am Halfter fest, als wolle sie ihn hindern, sich in dem Trubel des Festes zu ihren Füßen zu verlaufen. In den riesigen, von einer bald undurchsichtigen Luft erfüllten Bierzelten sitzt ganz Bayern und alle Ernte des Jahres. Die Ämter, die Kontore geben ihren Angestellten freie Tage. In den Luftschaukeln, auf den schwankenden Böden der Karussells amüsiert sich Europa und Amerika. Die Hotelbetten haben schwere Tage. Wer zählt die Autobusse, die hier zusammentrafen, die Flugzeuge, die angeflogen kamen? Hühner und Fische und Puter und Ochsen ließen ihr Leben, braten am Spieß, Hörner und Pauken schmettern, die geschmückten Bräupferde zeigen sich ländlich königlich, und im Sanitätszelt liegen die Opfer des Festtrankes und des zur Waffe gewordenen Maßkruges.

[1959]

Heinz Hermann Strobl
Aus den Trümmern steigt ein Fest

Wer nach dem totalen Zusammenbruch von 1945 zu prophezeien gewagt hätte, in welch kurzer Zeit das Oktoberfest, größer und schöner denn je, wieder zu einem Begriff in aller Welt werden würde, dem wäre damals verständlicherweise nur Spott beschieden gewesen. Allein schon die äußeren Voraussetzungen konnten nicht ungünstiger sein. Ihre Lage nahe dem Stadtmittelpunkt, in friedlichen Zeiten ein unschätzbarer Vorteil, war der Theresienwiese zum Verhängnis geworden. Zunächst hatte man Splittergräben und Flakstellungen zum Schutz der Bevölkerung auf ihr angelegt, dann wurde sie zu einem Sammelplatz von Trümmerschutt und Altmetall, von zerstörten Fahrzeugen und Maschinen. Und so weit ihre Flächen noch benützbar waren, stapelten sich auf der Theresienwiese schließlich die Holzberge der von Thomas Wimmer im Jahre 1945 ins Leben gerufenen Holzaktion zur Versorgung der Münchner Bevölkerung mit Brennmaterial. Not und Elend herrschten, die elementarsten Lebensbedürfnisse konnten kaum befriedigt werden, an Vergnügen dachte niemand – mit Ausnahme derer, deren Beruf es ist, der Bevölkerung Vergnügen zu bereiten: die Schausteller. So ging auch von ihnen der Anstoß aus, in die Trostlosigkeit der Zeit nach dem Zusammenbruch wieder die ersten bunten Tupfen zu setzen.

FREE
style

Zwar waren auch die meisten Schaustellerbetriebe, Karussells und Achterbahnen, Schaubuden und Schaukeln, dem Krieg zum Opfer gefallen. Der unermüdliche Eifer der Münchner Schaustellerschaft brachte es aber doch zuwege, daß schon im ersten Jahr nach dem Kriegsende, 1946, ein wenn auch bescheidenes Volksfest auf der Theresienwiese stattfinden konnte. Als Veranstalter dieses »Herbstfestes« zeichnete wohl die Stadtverwaltung verantwortlich, die Vorarbeiten aber hatten die Bezieher selbst getroffen, von der Beseitigung der Schuttberge und der Splittergräben bis zum Aufbau der Geschäfte und der Einrichtung einer eigenen Stromversorgung. Stellvertretend für die vielen, die damals die Grundlagen für das Ansehen schufen, das das Oktoberfest heute genießt, sei der Mann genannt, der neben der Vorstandschaft der Münchner Schausteller vor allem Initiator und Seele des Wiederbeginns gewesen ist: Der Hering-Vater. Der bescheidene, stille Mann, der von sich selbst kein Aufhebens macht, hat mit seiner Tatkraft die Tradition der großen Münchner Schaustellerpersönlichkeiten, der Stehbeck, Ruprecht, Gabriel, würdig fortgesetzt. Mit 84 Jahren ist Georg Hering heute der Senior unter den Beziehern des Oktoberfestes.

Der gewaltige Sprung vom »Oktoberfest-Ersatz«, den Herbstfesten, zum ersten tatsächlichen Oktoberfest nach dem Kriege bedurfte einer ganz gehörigen Portion Mut und Optimismus. Beides besaß Stadtrat Karl Erhart, der Leiter des damaligen Kommunalreferates, verantwortlicher Vorgesetzter des Sachgebietes »Oktoberfest und Dulten« der Abteilung Wirtschaft und Verkehr. Hatte noch das Herbstfest 1947 kein wesentlich anderes Gesicht als jenes vom Jahr zuvor, so zeigte immerhin schon das Herbstfest

1948, wenige Monate nach der Währungsreform, nicht nur einen großzügigeren Aufbau des Festplatzes, es bot auch bereits eine Reihe lang entbehrter Genüsse. Eine Reihe günstiger Faktoren ließen Stadtrat Erhart Morgenluft wittern: Endlich gab es wieder ein richtiges Bier, eine Hauptvoraussetzung für ein echtes Oktoberfest. Hühner und Schweine, die als Brathendln und Schweinswürste die verlockendsten Wiesendüfte erzeugen, wurden wieder in Mengen angeboten. Die erleichterten Transportverhältnisse und die wiedergewonnene Freizügigkeit lösten die Anmeldung von Schaustellern aus allen westlichen Zonen Deutschlands zum nächsten Herbstfest aus.

Während viele noch lamentierten, zum Feiern bestünde in Deutschland noch lange kein Anlaß, nutzten Karl Erhart und seine Mitarbeiter die Gunst der Stunde. Das Vorhaben war gewagt. In weniger als einem Jahr mußte die Theresienwiese von allen Überresten der Schutt- und Trümmerzeit befreit werden. Die Wiesenstraßen mußten instand gesetzt, das Stromversorgungsnetz, das Gas- und das Kanalnetz neu aufgebaut werden. Im einzelnen läßt sich nicht schildern, was bis zu den letzten Mitarbeitern des Oktoberfest-Bauhofs und der beteiligten städtischen Werke an Arbeit geleistet worden ist, um den Neubeginn des Oktoberfestes zu ermöglichen. Die Mitarbeiter der Oktoberfestleitung standen vor besonderen Problemen. Zwar kamen ihnen ihre ersten, bei den Herbstfesten gewonnenen Erfahrungen zugute und sie hatten ihre Geschäftspartner, die Wies'nbezieher, inzwischen auch schon kennengelernt. Dennoch bedeutete es eine gewaltige Leistung, ohne eingehende Kenntnis einer, wenn man so sagen will, Volksfesttechnik ein Fest aufzubauen, bei dem jedes Geschäft am richtigen Platz stand und das alle Betriebe, ob Brauereifesthalle oder Schießbude, Hühnerbraterei oder Schiffschaukel, Rundfahrgeschäfte, Achterbahnen oder Schlaghämmer, in harmonisch ausgewogener Mischung darbot. Daß sich in der Gestaltung des Oktoberfestes seither, von den alljährlich üblichen Umplacierungen abgesehen, nichts Grundsätzliches mehr geändert hat, beweist die vorausschauende, geschickte Arbeit, die Stadtrat Erhart und seine Mitarbeiter damals geleistet haben.

Trotz aller liebevollen Kleinarbeit, trotz sorgfältigster Vorbereitung war das Risiko groß, das Erhart übernommen hatte: sowohl dem gesamten Stadtrat als auch den Beziehern des Festes gegenüber; nicht zuletzt aber stand mit dem Gelingen oder dem Scheitern dieses ersten Nachkriegsoktoberfestes der ganze künftige Ruf dieses einzigartigen Volksfestes auf dem Spiel. Wie würde die Bevölkerung in München, in Bayern, im ganzen Einzugsbereich des Festes auf das neugeborene Oktoberfest reagieren? Immerhin hatte, angesichts der noch jungen Deutschen Mark, der lange aufgestaute Nachholbedarf an allen nur denkbaren unmittelbar nötigen Gütern den Vorrang; würde das Geld doch schon wieder so locker sitzen, um fürs bloße Vergnügen ausgegeben zu werden?

Niemand, auch nicht der größte Optimist, konnte voraussehen, was sich dann begab: Einem unüberhörbaren Paukenschlag gleich war das Oktoberfest plötzlich wieder »da«. Wie selbstverständlich strömten die Besucher in unüberschaubarer Zahl auf die Wies'n, Sonderzüge und Omnibusse brachten Gäste von weither und schließlich waren es mehrere Millionen, die am ersten Nachkriegsoktoberfest teilgenommen hatten. Es war, als hätte es nie eine Unterbrechung gegeben; auch die Jugend, die das Oktoberfest bislang nur vom Hörensagen kannte, hatte ganz selbstverständlich von ihm Besitz ergriffen. Noch heute erzählen sich Eingeweihte, das Oktoberfest 1949 sei das größte Geschäft gewesen, das sie jemals auf einem Volksfest gemacht haben.

Seither haben zehn weitere Oktoberfeste stattgefunden, eines schöner und glanzvoller als das andere. Das diesjährige Oktoberfest, das Jubiläums-Oktoberfest 1960, ist das zwölfte nach dem Kriege. Fast jedes Jahr seit 1949 hat neue Rekorde gebracht, neue Superlative geboren. In kürzester Zeit ist das Oktoberfest wieder zu dem geworden, als was es 1810 seinen Anfang genommen hat: das Nationalfest aller Bayern. Es hat sich darüber hinaus zum größten Volksfest zumindest Europas, wenn nicht der Welt, entwickelt. Ins Englische wird sein Name schon gar nicht mehr übersetzt, so sehr ist es zu einem internationalen Begriff geworden, während die Franzosen es recht bezeichnend nach einem nicht unwesentlichen Bestandteil »la fête de la bière« nennen.

Doch ist diese Entwicklung nicht von ungefähr gekommen, ist diese Anziehungskraft München nicht zufällig oder gar unverdient in den Schoß gefallen. Mit der geschickt inszenierten Wiedergeburt des Oktoberfestes trafen zwei überaus günstige Faktoren zusammen: Das Wiedererwachen von Lebenslust und Lebensfreude nach einer langen Periode der Entbehrung und eine durch die Entwicklung des Massentourismus begünstigte Reisefreudigkeit von bis dahin unbekannten Ausmaßen, die heute noch nicht einmal ihren Höhepunkt erreicht hat.

Es muß uns heute noch in Erstaunen setzen, wenn wir in

der Oktoberfestchronik lesen, daß am ersten Oktoberfest 1810 etwa so viele Menschen teilgenommen haben, wie München damals Einwohner hatte; wir stellen fest, daß, kaum hatte die erste Eisenbahn in Bayern ihren Einzug gehalten, auch schon Sonderzüge viele Tausende zum Oktoberfest brachten. Heute ist es nichts Ungewöhnliches mehr, wenn Charterflugzeuge Gäste aus Amerika eigens zum Oktoberfest bringen, daß regierende Fürstlichkeiten und Filmstars, Staatsmänner und Sportkanonen sich auf der Wies'n ein Stelldichein geben. Nur scheinbar merkwürdig ist der Zufall, daß viele Münchner Geschäftsleute und Firmen alljährlich ausgerechnet zur Zeit des Oktoberfestes den Besuch von Geschäftsfreunden von überall her erhalten, daß Tagungen, Kongresse und Besprechungen sich ausgerechnet in diesen herbstlichen Tagen in München häufen.

Es sind nicht die äußeren Begleiterscheinungen allein, die den wiedergewonnenen Ruf des Oktoberfestes begründet haben. Auch wenn die Münchner granteln und schimpfen, daß die Wies'n längst nicht mehr das sei, was sie einmal gewesen ist, daß man vor lauter Fremden dort kaum mehr einen Münchner treffe und daß es keinen Spaß mehr mache, weil man doch nirgends einen Platz bekommt: Trotzdem sind es die Münchner, die in treuer Anhänglichkeit immer wieder den Hauptteil der Besucher stellen. Es sind die gleichen Münchner, die das Jahr über geloben, dieses Mal ganz bestimmt nicht mehr auf die Wies'n zu gehen und die dann doch kaum einen Tag verstreichen lassen, an dem sie nicht zumindest einen Bummel durch die Feststraßen machen, die unglücklich wären, müßte das bunte Treiben zu Füßen der Bavaria sich ohne sie abspielen. Dieses Münchner Stammpublikum ist es, das im Verein mit den Bestrebungen der Stadtverwaltung als Veranstalterin des Festes dafür sorgt, daß auf der Wies'n doch alles im rechten Lot bleibt und daß die urmünchnerische Devise vom Leben und Lebenlassen auf dem Oktoberfest jetzt und für alle Zukunft, allen unkenden Stimmen zum Trotz, unverfälscht ihren beredten Ausdruck findet.

Dieser münchnerische Wesenszug und die pralle, barokke Lebensfreude als Ausdruck bayerischer Lebensart sind es, die das Oktoberfest für die Gäste aus aller Welt so anziehend machen. Viele, auch berühmte Schriftsteller haben das Leben und Treiben auf der Wies'n beschrieben und geschildert, häufig hat man es zu ergründen oder gar zu kopieren unternommen. Doch entzieht sich das Oktoberfest letztlich jedem Versuch einer nüchternen Analyse, der Ausdeutung und Nachahmung. Gleich einem anderen Pol des Münchner Lebens, Schwabing, will auch das Oktoberfest weniger als ein reales Faktum, will es mehr als Zustand gewertet werden. Trotz aller handfesten Realitäten haftet dem Oktoberfest etwa Irreales an, etwas, das sich mit dem Verstand nicht erfassen läßt. So soll es sein Bewenden in dem beglückenden Bewußtsein haben, daß das Oktoberfest der Inbegriff heiterer Lebensfreude ist, ein jährlich wiederkehrender optimistischer Kontrapunkt zu dem nicht immer fröhlich stimmenden Zeitgeschehen.

[1960]

Wugg Retzer
Ein Lebehoch der Wies'nkellnerin

Erschallt beim Jubiläumsfeste wieder
mit tausend Zungen, aufgetaut in Bier,
für Wies'nwirte, Bauern, Schützenbrüder,
durch München hin der Chor der Lobeslieder,
dann, muß ich offen sagen, stinkt er mir.
Dann weihe ich allein in stillem Sinn
ein Lebehoch der Wies'nkellnerin.

Wer bricht mit einem Schild aus vollen Maßen
im Volksgetümmel sich zu dir die Bahn?
Wer wird, wo Millionen Fremde prassen,
den braven Bayern nie verdursten lassen?
Wer bringt das Hendl und die Wurst heran?
Die Wies'nfreude wäre längst schon hin,
gäb's keine Münchner Wies'nkellnerin.

Sie prangt nicht mehr in holder Mädchenblüte,
doch bringt sie manchen Gockel noch zur Balz,
hat Holz vorm Hütterl und dahinter Güte
und neben ihrem friedlichen Gemüte
ein resches Mundwerk und ein Irxenschmalz.
Sie strahlt vor Glück, wenn jedes trinkt und ißt.
Oh schnöder Undank, wo ihr das vergißt!

Gedenkst du aber, sie zu honorieren,
als Fremdling oder Bürger unsrer Stadt,
dann brauchst du sie nicht krampfhaft zu hofieren
und sollst ihr auch kein Wies'nherz spendieren,

weil sie das bare Geld viel lieber hat.
Dann reib ein Extratrinkgeld dankbar hin
als Lebehoch der Wies'nkellnerin.

[1960]

Ernst Hoferichter
Die Straße der Abnormitäten

Ein Spaziergang
durchs Münchner Oktoberfest

Wo sich auf der Festwiese das Panoptikum an die Wunderschau, das Zaubertheater an den Palast der Sensationen anlehnt, da vertreibt mich so leicht kein Wolkenbruch.

Ein Wunder tritt hier dem andern auf die Füße und die Superlative schlagen sich gegenseitig tot.

Hier ist der Treffpunkt aller Launen der Natur. War die Allmutter übermütig, so schuf sie ein Kalb mit zwei Köpfen und die dickste Frau der Welt. In Stunden der Verzagtheit zeugte sie lediglich den kleinsten Mann der Erde und die Dame ohne Unterleib.

In diesen Superlativen erlebt man das befreiende Gefühl, daß es sowohl nach oben, wie nach unten »nicht mehr höher geht ...« Hier macht die Natur jeweils einen Punkt, es geht ihr sozusagen der Atem aus ...

Jahrelang war sie Stammgast auf der Wies'n.

»... sie mißt vom Kopf bis zum Schwanz neun Meter und vom Schwanz bis zum Kopf abermals neun Meter ...!« brüllt der Ausrufer und hat zum Glück keine Ahnung, daß er mit diesem Satz an die Fundamente aller Logik rührt.

Es gibt sicherlich auf der Erde viele »größte Schlangen der Welt«. Aber, wenn dieses Tier ihren Kolleginnen nur um einen Millimeter voraus ist, so krönt es dieser Millimeter zur Königin aller Länge, indes die anderen zur Fabrikware der Schlangenheit herabsinken. Und die 8,99 Meter haben sie ganz umsonst im Wachstum verschwendet.

Die Schlange an sich hat das Grauen der Sensation schon in die Wiege gelegt bekommen. Im Paradiese bereits erregte sie die Gemüter und wir alle haben an diesem Zwischenfall noch heute zu leiden.

Der Ansturm auf die Kasse beweist, daß ihre Symbolik an Zugkraft noch nichts eingebüßt hat.

Im Innern der Bude sieht man nur eine Holzkiste, in der ebensogut ein Tafelgeschirr oder Christbaumschmuck verpackt sein könnte. Darauf steht ein Maßkrug. Er würde wie ein Briefbeschwerer wirken, wenn seine geringe Kraft nicht im umgekehrten Verhältnis zu dem stehen würde, was er beschweren möchte.

Zwei Männer mit tätowierten Oberarmen öffnen die Kiste und heben die Schlange, Stück um Stück, aus einer Wolldecke hervor. Und daß sie nicht enden kann, das macht sie groß ...

Jetzt sieht man sie zur ganzen Wucht ihres Weltrekordes ausgebreitet. In eine Dreizimmerwohnung versetzt, würde ihre Schwanzspitze noch auf dem Fußabstreifer liegen, wenn die züngelnde Zunge schon den Griff der Nachtkästchenschublade erreicht hätte.

Von der eingebauten Gewalt ihres Bizeps macht sie keinen Gebrauch. Sie wirkt durch bloße Existenz – kraft ihrer Kraft.

Eine vornehme Dame neben mir spricht zu ihrer höheren Tochter: »... Sieh' mal, Ella, die Schlange träumt von ihrer Heimat Brasilien, von Orchideen und leuchtenden Schmetterlingen ...!«

»... Reden Sie doch koan Blödsinn ...! San Sie mit dem Viech persönlich so bekannt, daß Sie wissen – –?« mischt sich ein behäbiger Münchner ins Gespräch, »... mit Poesie scheinen Sie nicht geplagt zu werden ...!«

»... Grad g'nuag ...! Aber trama tuat dö net ...! Halten S' ihr a Trum Kalbshaxen hin, nacher werd'n S' glei sehg'n, ob dö von Schmetterling und – –«

»Na, komm mal, Ella, gehen wir schon ...«

Die Schlange, die allein darüber Auskunft geben könnte, wurde wieder in die Kiste zurückgehoben, nachdem die zehn Pfennig Eintrittsgeld an ihr abgeschaut waren. Und zur Wahrung bayerischer Belange wurde der Maßkrug wieder beschwerend und sichernd auf den Deckel gestellt – –.

Der Mann ohne Nerven

Im schwarzen Halbkreis umstehen ihn die Zaungäste. Lautlos, wie aus Wachs geformt, ist er neben der Kasse aufgerichtet und zeigt durch Haltung an, was er im Innern des Theaters in Handlung umsetzen wird.

Dem Mann fehlt das, woran wir häufig zuviel haben. Die Spitzen geschleuderter Schwerter, die Funken elektrischer Hochspannung umfuchteln ihn, ohne daß er mit einer Wimper oder gar mit dem Herzen zuckt. Seine Nerven liegen im Winterschlaf – und daß kein Blitz aus heiterem Himmel sie zu wecken vermag, das ist ihre Sensation …

Eine explodierende Pulverfabrik muß ihm gleichgültig sein, wie uns ein aufspringendes Taschenfeuerzeug. Neurosen und ähnliche Schlinggewächse, die wir uns zuweilen in Haar und Seele pflanzen, kennt er bloß vom Wegschauen. Seine Nerven sind durch Leitungsdraht nur anatomisch angedeutet. Kommen sie in Unordnung, so geht er wahrscheinlich zum Elektrotechniker und nicht in die Sprechstunde eines Neurologen. Die Ruhe, die uns auf die Nerven geht, hat er gepachtet auf Lebensdauer. Sie ist sein Pfund, mit dem er wuchert. Hier regt nichts auf und ab. Aber ich möchte mit ihm nicht den schönsten Punkt der Welt oder einen Weihnachtsabend erleben. Wenn der ganze Christbaum in Flammen aufginge, würde sich kein Haar in seinen Nasenflügeln bewegen …

Aber, das steht nicht auf dem Programm und liegt hinter den Kulissen des Oktoberfestes – –.

Die schwebende Jungfrau

Lange Zeit war sie die Attraktion der Attraktionen.

Ihr Name wechselte. Aber, er erinnerte doch immer an ein alkoholfreies Erfrischungsgetränk.

Der Ausruf »Schwebende Jungfrau« als Beruf und Neigung trägt alle Zauberkraft schon in den zwei Worten aufgespart. Vom Adjektiv zum Subjektiv steigert sich die Neugierde – und beide zusammen ergeben einen Sachverhalt, der schwindlig macht wie die Achterbahn.

Das Unmögliche wird hier zum Ereignis – und so besteige ich mit meinem Freund Alois Loichinger die Treppe zum Palaste.

Leicht gewickelt und nur mit Deckblatt versehen, hebt sich auf der offenen Bühne die Dame empor. Sie schwebt durch brennende Reifen – und man kann es fast hören, wie sie die Gesetze der Schwerkraft zerbricht, die uns alle binden.

Dazu schläft sie – und weiß von nichts. Und daß sie nie im Leben zum Zuschauer ihrer magischen Genialität werden kann, das ist ihr einziger Fluch ...

Mein Freund Loichinger, der den Fehler hat – jegliches Ereignis sofort in Beziehung zu sich selbst zu setzen, tuschelte mir ins Ohr: »... Interessant wär' sie schon ..., aber als Braut möcht' i's net g'schenkt ...!«

»Wieso – –?«

»... Ja, wennst moanst – jetzt wär's a bisserl zünfti, da fangt sie zum Schweben an – und schon fliagt s' oben auf'm Plafond umanand ...!«

»So sei doch staad ...! Du störst ja – –«

Der Loichinger gab keine Ruhe, bis mir die ganze schwebende Jungfrau zu Zweifel zerpflückt war.

Und heute lebt sie nur mehr als zweidimensionaler Öldruck, wie ein Schlafzimmerbild, in meiner Erinnerung ...

Es ist die Zuflucht aus aller Magie und besitzt als einzigen Superlativ einen Geschmack, den ein günstiger Westwind bis zum Marienplatz weht.

So ein Brathendl hat seinen festen Preis und sein fühlbares Gewicht. Wenn es verspeist ist, bleiben die Beiner zurück. Im Erlebnis dieses Genusses werden alle Launen der Natur vergessen. Sein Duft verrät die fleischgewordene platonische Idee der ganzen Wies'n ...

Und daß es sonst kein Wunder in sich birgt, das ist des Hendls größtes Wunder – –! [1960]

Eugen Roth
Oktoberfest

Zu Münchens schönsten Paradiesen
Zählt ohne Zweifel seine Wiesen.
Im Frühling, Sommer, auch im Winter
Ist allerdings nicht viel dahinter,
Da ist sie nur ein weiter Plan,
Ein Umweg für die Straßenbahn.
Jedoch im *Herbst* ist dieser Platz
Des Münchners wundervollster Schatz.
»Auf geht's«, mit dieser Lustfanfare
Eröffnet man in jedem Jahre
Das Volksfest, welches hochgepriesen
Der Münchner bündig nur nennt »D' Wies'n«.

Nur ungern, das sieht jeder ein,
Geht auf die Wiese man allein,
Denn wenn man in der Budenstadt
Nicht gleich den richtigen Anschluß hat,
Dann steht man stur in dem Gedudel,
Fühlt sich wie ein begoss'ner Pudel,
Schweift stumm und traurig her und hin,
Besauft sich höchstens ohne Sinn,
Denkt »Fauler Zauber«, »Alter Leim«,
Und geht verdrossen wieder heim.

Höchst unbeliebt sind die Begleiter,
Die rücksichtslos, geschäftig-heiter
Im Volksgewühl an allen Kassen
Gerade dich vorangehn lassen,
Großmütig in der Tasche graben,
Doch leider grad kein Kleingeld haben,
Die tückisch warten bis zum Schluß,
Wo irgendeiner zahlen muß,
Und die erreichen mit viel List,
Daß du dann dieser eine bist!
Mit andern Worten, derben, kurzen,
Kein Mensch macht gerne eine Wurzen.

Als erstes gibts wohl, für den Magen
Zu schaffen rechte Unterlagen.
Doch steuert nie, in kurzem Wahn,
Die »nächste, beste« Bude an!

Doch was ist auf dem bunten Feste
Zu nennen wohl das nächste beste?

Hier schmort die Schweinswurst auf dem Rost,
Dort schenkt man Wein und Apfelmost,
Hier sieht man bei fidelen Schrammeln
Sich wieder andre froh versammeln,
Und schon wird an dem dritten Punkt
Die Dünne in den Senf getunkt.
Dort fieselt wer an seinem Tisch,
Beziehungsweis am Steckerlfisch
Und leckt mit einer kaum geringern
Begierde an den eignen Fingern.
Die Wünsche werden immer kühner
Und blicken auf gebratne Hühner,
Die unerschwinglich sind zumeist,
Auch wenn man sie nur »Hendln« heißt.

Doch schau, was kommt am Schluß heraus?
Der Bierpalast mit Hendlschmaus,
Wo ungeheure Blechmusiken
Den Lärm durch Rauch und Bierdunst schicken
Und wo die Menge brausend schwillt,
Vom Bier zum Teil schon ganz erfüllt,
Teils erst vom Wunsch, erfüllt zu werden,
Doch durchwegs selig schon auf Erden.
Es laufen Kellnerinnen emsig
Durch alle Reih'n, wo wild und bremsig
Die Menge ohne Unterlaß
Sich heiser schreit nach einer Maß.
Zwölf Krüge an den Brüsten säugend,
Wirkt solche Wunschmaid überzeugend.

Wer zählt die Völker, kennt die Namen,
Die gastlich hier zusammenkamen?
Von Augsburg und vom Isengau,
Von Freising, aus der Hallertau,
Aus Franken, Schwaben, Sachsen, Hessen,
Die Preußen selbst nicht zu vergessen,
Und all die andern Wiesenpilger,
Die Drei-Millionen-Maß-Vertilger.

Doch will das Volk zum Bier auch Spiel,
Drum sucht man noch ein andres Ziel;
Man stürmt die Wunderstadt der Buden
Mit Löwenmenschen, Botokuden
Und ist schon tief hineingeraten
In Zauberwälder von Plakaten,
Die in phantastisch grellen Bildern
Die Märchenwelt der Wiesen schildern.
Hier ist ein Zwillingspaar verwachsen,
Aus Siam oder nur aus Sachsen,
Die Seekuh ist halb Fisch, halb Weib,
Die Dame ohne Unterleib
Wetteifert mit der Pantherdame,
Usamba-Wamba ist ihr Name,
Der wonnevoll nach Wüste schmeckt,
Ihr ganzer Leib ist braun gefleckt;
Ein Schlangenmensch grotesk sich renkt,
Beim Schichtl sich das Fallbeil senkt.
Kurzum, was grauenvoll und selten,
Wird angepriesen vor den Zelten,
Bis, was der Vorhang tief verbirgt,
So zwingend auf die Neugier wirkt,

Daß wir uns ahnungsvoll und schauernd
(Erst hinterher das Geld bedauernd)
Hindrängen, um, hereingebeten,
Dis Innere staunend zu betreten.
Da stehn sie, ahnungstief wie Kinder,
Vor einem Manne im Zylinder,
Und in der Menge, die sich staut,
Brüllt dieser Mensch entsetzlich laut:
»Sie sehen hier für billiges Geld
Das größte Phänomen der Welt!
Das Urwelträtsel jeder Rasse!
Zur Kasse, Kassa, Kassakasse!
Das Phänomen der Mumienleichen!
Die Glocke gibt das letzte Zeichen!
Enthüllung magischer Natur!
Zehn Fennich! Für Erwachsne nur!«
Der Schweiß ihm aus den Haaren rinnt:
»Zehn Fenniche! Der Akt beginnt!«

Man sucht sich nunmehr als Stratege
Nach Kräften immer neue Wege.
Hinweg von Flöh'n und Marionetten
Und Wachsfigurenkabinetten,
Heraus jetzt aus den wilden Dünsten
Von Papa Schichtls Zauberkünsten,
Zu neuem Ziel hinauf, hinan,
Hinein in eine Achterbahn!
Man fühlt sich sanft emporgehoben
Und sieht die Lichterstadt von oben,
Wie alles glänzt und dampft und braust,
Bis unverhofft man abwärts saust

In Stürzen, wollustangsterregend,
Besonders in der Magengegend.
Wie herrlich da die Weiber kreischen,
Indes verzückt in fremden Fleischen
Im selig-wirren Klirren, Schwirren,
Die Männerhände sich verirren.
Wie schnell macht solche Fahrt gefährtlich,
Man wird zu zweien schon recht zärtlich,
Und mancher legt um manches schlanke
Gewölbe die Beschützer-Pranke.
Das ist die hochberühmte Zeit
Der Münchner Urgemütlichkeit,
Wo an den bunt besetzten Tischen
Die Unterschiede sich verwischen,
Die Herkunft, Bildung, Geld, Beruf
Dem Menschen oft zum Unheil schuf.
Der Maurer hockt bei dem Professer,
Und zwar je enger, um so besser,
Und auch die andern sitzen da,
Mit Leib und Seel' einander nah.
Nicht lästerlich und liederlich,
Nur schwesterlich und brüderlich.
Man sucht sich wild ins Volk zu mengen,
Sich in die andern einzuhängen.
Schiffsschaukelorgelorgien rasen
Mit Trommeln und Trompetenblasen,
Sirenenheulen, Schiffsgebimmel
Stürzt unabsehbar mit Gewimmel
Zu ewig neuer Lust entfacht
Die Menge in die Wiesenschlacht.
Es blitzt von Purpur, Perlenflitter,

Die Schweinswurst raucht am glühnden Gitter,
Die Rösser stampfen stolz und schwer,
Die Banzen rollen prächtig her,
Der Kasperl krächzt »Seid's alle da?«
Und tausendstimmig jauchzt es: »Ja!«
Und ringsum brodelt's, brandet's, gaukelt's
Und rollt's und rutscht's und schießt's und schaukelt's,
Das Jahr ist lang, die Wies'n kurz,
Hinein denn in den wilden Sturz!
Zufrieden jauchzet groß und klein:
»Hier bin ich Mensch, hier darf ich's sein!«

[1960]

Herbert Achternbusch
Zigarettenverkäufer

Jetzt ist wieder die Zeit, daß 6 000 000 zum Oktoberfest nach München kommen. Majakowskij: Und dann tauchen sie hinein in die Wolke aus Dunst, schnurrpfeifen durch die Wogen ländlicher Musik, fröhlich lachend, beim Jauchzen der Kinder und beim weinerlichen Klagelied der Drehorgel vergißt das Volk des Tages Mühe und Plage. Schon höre ich Musik. Noch ist meine Melancholie groß genug, daß sie mich auf mein nahendes Ende zugehen läßt. Noch mache ich Notizen, ohne ihren Sinn und ihr Ende absehen zu wollen, könnte ich es? Schon bin ich darüber hinweg, mir verschiedene Fälle meines Endes vorzustellen. Noch trage ich Schuhsohlen und aus meinem Mund steigt der Rauch von Zigaretten, Rothhändle. Ich habe die Hände in den Hosentaschen und gehe mit dem Schmerz, daß mir die Finger gebrochen sind. Mein Protest ist nur die Ataxie meines Ganges. Mag einer hinter mir aus dem lautlosen Fallen meines Ganges Hoffnung schöpfen. Und heute geht es mir besser als sonst, von Donnerstag abend bis zum Sonntag ist es besser, dann habe ich DIE ZEIT ausgelesen. Ich gehe durch 1000 Musik der Wirtsbudenstraße zum Pschorrzelt, als einer von 7 Bauchladenträgern Zigaretten zu verkaufen.

Als ich die weißen Häuser von Mykonos verließ und ins Hochland der Insel heraufging, verschmähte ich die oranschen Kaktusfrüchte, die über einer der letzten Mauern eines Gartens hingen, doch die Feigen vom Baum dieses einzelnen Hauses, wird mich schon niemand sehen, reiße ich ab, soviel ich erspringen kann. Sie sind blau klein, das Fleisch ist warm im Mund. Es ist die Zeit. Immer wenn die Zeit des Oktoberfestes kommt, ist die Zeit dazwischen wie ein kurzer Urlaub, und ich hebe den Bauchladen, lüfte den Schulterriemen. Setz dich nicht auf den Balken, geh weiter, geh in den Gang, auch wenn der andere gerade durchgegangen ist, die Angetrunkenen reagieren willkürlich. Zigarrn Zigarettn. Mann: Daher Spezi! Stuyvesant. Was machts? Hast keine kleine, 2 Mark du spinnst ja. Mädchen: Wieviel machts? Mann: An dummen Eindruck macht er. Da hast 2 Mark, sollst auch nicht leben wie ein Hund. Mädchen: Stoß mich sanft. Mann: Stopf mich sanft, mußt sagn. Zigarrn Zigarettn. Anderer: Handgranaten Zwieblröhrl Atombomben Zwieblröhrl, geh i mag gar nimmer reden. Verkäufer: Heithe Sweinswürstl bittether. Heuer verkaufen wir alle die Doppelpackung zu 1,75, zehn Prozent Aufschlag, 1,95, aber ich spinn nicht, 2 Mark basta, das riskier ich, daß ein Kontrollör mich erwischt und ich wiesengesperrt werde und 5 Jahre lang nicht mehr auf dem Oktoberfest verkaufen darf. Ich durchquere den Schatten des Feigenbaums. Christus: Tui steig schnell herab, denn ich muß heute in deinem Haus sein. Nein hierhin setze ich mich nicht, ich sehe die unterbrochenen aber bewegten Rückenumrisse der kleinen Kühe. Aber hierhin, auf die um ein kleines abgeerntetes Getreidefeld geschichtete Steinmauer. Alles ist braun und grau und leer. Eine kleine weiße Stute mit einem Tuch vor den Augen dreht ein Wasserrad. Dann das Meer, sehr fern Naxos, aber dahin sehe ich nicht. Eine Windmühle ist nicht in Betrieb. Schon schreibe ich widerwillig auf, was mir nach vielen Gedanken wieder einfällt. Schon muß ich mir ein Leben vergegenwärtigen, das von Notiz zu Notiz sprang. Warum nicht nur in den Staub sehen? Er ist weich unter meinen Zehen und im Schatten der Steine trägt ihn der Wind nicht fort.

Der Kontrollör wird nur eine Packung mit Zünder kaufen, die darf 2 Mark kosten, ich verlang 2,10. Der Kontrollör ist kein Junger, keine Arbeitshände hat er, er will keine bestimmte Marke und fragt nach dem Preis. Mensch, der sitzt doch an keinem Tisch und wenn er steht, hat er keinen Maßkrug in der Hand, und wenn er geht, zieht er kein Mädchen mit, und wenn er sitzt, dann singt er nicht und ist nicht besoffen, ha? Gestern bin ich in Zivil im Augustiner und Hackerbräu gewesen und hab die Zigarettenverkäufer gefragt, was sie für die große Packung verlangen, 1,95. Einer 2 Mark, ich hab ihn angeschaut, er: 1,95 ohne Feuer. Scheißer! Nummer 2: Noch nichts los, die blöde Musik spielt so laut, daß dich keiner versteht, da kannst wie ein Aff brüllen, kein Mensch schaut her. Zigarrn Zigaretten. Verkäuferin: Wer kriegt a Brezn. Mann: Da hockt er ja, der Kruzifix, der blutige. Zigarrn Zigarettn. Anderer: Stumpen für die Lumpen. Mann: Was verkaufst denn du? Ich: Fischbrot.

Mann: Bring mir noch a Maß, daß a Ruh is! Zigarrn Zigarettn. Jetzt wenn ich nichts verkauf, setz ich mich in den Garten. A. E. Ludwig: Meine Damen und Herrn, wem gehört dieser Junge, er ist vorm Zelteingang gefunden worden. Mann: Ham Sie keine Zigaretten zu 1 Mark? Ich: Nein. Ich spinn nicht und sag ihm, daß es sie einige Meter weiter am Stand gibt. Mann: Gib mir die große Packung, heut is heut. Zigarrn Zigarettn. Mann: hast keine Sandalen? Mann: Geh setz dich her. Kellnerin: Setz mich schon wieder her. Mann: Weiß schon nimmer wie du heißt. Kellnerin: Sagst Nummer 49, da auf meiner Brust, die siehst immer. Im Garten ist auch nichts los. Aber die Sonne scheint, ah bin ich müd. Jetzt singt die Bräurosl, die Gartenleut schaun auf die Lautsprecher: Wo i geh wo i steh tut mir mein Herz so weh. Jetzt fressen sie alle, dann saufen sie, dann rauchen sie wie irr, ab 8 rauchen sie weniger, da sind sie schon zu besoffen. Verkäufer: Radi Radisal, wie gehts? Ich: Da drüben will einer an Radi. Gestern hat mir einer 5 Mark für eine Packung gegeben. Du hast so ein Spitzbubengesicht, hat er gesagt, daß ich dir lieber das Geld gib, bevor dus mir stiehlst. Zigarrn Zigarettn. Mann: Blöder Hund bist schon wieder da. Anderer: HB, was 2 Mark, 2,20, daßt auch nicht recht hast. Preuß: Danke Nichtraucher. Anderer: Magst a Fahrkartn einfach? Da steht schon wieder so ein blöder Ordnungsmann in seiner grauen Uniform und läßt nur Leute auf die Galerie überm Eingang, die auf seiner Liste stehen. Jetzt trinkt er, dabei nimmt er die Mütze ab, damit er nicht im Amt ist. Das Geld, das ich in den 16 Tagen verdien, verfreß ich, nein ich gebs armen Leuten, nein ich halt die Arbeit nicht durch, ich kauf mir einen Anzug, pah, so ein Mädchen wär nicht schlecht. Der ist jeden Tag im

Garten und besoffen, Kellnerin: Schau daßt weiterkommst, stehst den andern bloß im Weg. Wennst das Maul net haltst, fliegst naus. Der: Weiße Haar ham, ans Sterben sollst denken, meinst i geh hin, wohin du mich schaffst. Ich geh ins Zelt, jeden Tisch fixieren, stehen bleiben, die Leut anschaun, anreden, schleichen und schrein. 80 Mark bauschen sich in der Hemdtasche, 8 Mark bis jetzt verdient, muß am Stand wieder fassen. Muß pinkeln, Gekritzel: Ich war oft dar. Mann: Bei jedem lauft so ein Wasser raus, wies das gibt? Anderer: Jeder kanns mit seinem Schwans. Eine versucht an die rastenden Kaffee trinkenden Kellnerinnen Strümpfe zu verkaufen. Kellnerin: Die ham 65 Pfennig kost, bin scho 8 Tag auf der Wiesn und sie sind noch nicht zerrissen, ich bekomm 50 Prozent, so billig hams Sie net. Drinnen wütet die Musik, die Leute zum Saufen zu bringen. Ich muß wieder hinein, jetzt fangen sie zu rauchen an. Im Garten springen die elektrischen Sterne an, halb 6 wirds sein, der Himmel fliegt wie Rauch weg. Jetzt löst der Nummer 5 ihr Mädchen ihn ab, die weiße Villigerjacke ist ihr zu groß. Nummer 7: Was meinst, was die Mannsbilder bei der kaufen, die kaufen auch, wenn sie gar keine Zigarettn brauchen, wenn sie nur ein wenig oben reinschauen können. Nummer 6: Sein Madl ist wieder da, sooft sie eine Schachtel verkauft und wechseln muß, muß sie eine Brille aufsetzen. Ich: Die Glückliche. Nummer 6: Der Glückliche, an jungem Madl kaufen sie schon was ab, das ist klar, die beiden werden halt teilen, ein wenig was, wird er ihr schon geben, soweit geht die Liebe auch nicht. Mann: da geh her, sauf amal gscheit, kruzifix Büchsn alte! Im Takt geh ich an den Tischen vorbei. Ich habe ein mir fremdes Gefühl: ich wünsche, daß die 30 Trompeter noch lauter sind und die 10 000 Leute im Zelt lauter brüllen, 6000 werden es sein. Ich genieße ihre Ausdünstung, ich sehe in jedes Gesicht, ich kose die Busen, die schwitzenden Glaskrüge, ich lese die Wünsche von den Augen ab, ich reiche die Schachtel und sage bittesehr, ich kassiere. Die Kapelle auf dem Podium in der Mitte des Zelts hat sich erhoben, der Kapellmeister singt ins Mikrofon, die Silbertaler überm Latz seiner Lederhose hüpfen wie die Medaillen eines Zuchtstiers. Alle: Gehma a weng nüber zum Schmid, der Schmid der hat 2 Töchterlein. Kapellmeister: Die wollen so gerne verhuraxtaxt sein. Mann: Daher! HB hübsche Beine. Er wendet sich an seinen Nachbarn, während er die Schachtel aufreißt: Kare bi keusch. Kare hat von unten eine Brust seines Mädchens in der Hand. Kare: Mir gibst an BH! Was 2 Mark, wo kriegst an billigeren Büstenhalter! Alle: Du bist mir im Herzen du bist mir im Sinn. Da sitzt der Kutzer, den ich vor 7 Jahren zuletzt in der Schule gesehen habe. Er kennt mich nicht, ich gebe mich nicht zu erkennen. Er hat noch die gleichen falschen Augen. Einen Gang weiter geht das Mädchen von Nummer 5. Mit einer sanften Bewegung wischt sie ihr langes blondes Haar von der Schläfe. Als sie mich zufällig erblickt, unsere Köpfe sind immer in Bewegung, lächelt sie. Was soll ich für ein Gesicht machen? Mann: Was schaust immer, Zigarettn möcht i. Alle: Es war im Böhmerwald. Wenn das Mädchen im Rauch verschwindet, sage ich: Du spinnst und verkaufst Zigarettn, was für ein Geschäft, Deckel auf Deckel zu, die Stange brechen, die Stange ist leer und die, 4 Stangen in einer halben Stunde, das sind 10 Mark. Kapellmeister: Waldeslust alle: Oh wie einsam ist die Brust. Lachende Frau: So schlecht siehst du gar nicht aus, hast Durst? Ich: Danke schöne Frau. Alle: Machens wir den Schwalben nach und bauen uns ein

Nest. Ich, dem oft vor den liegenden Gegenständen in seinem Zimmer bange wird, schau ruhig über die besoffene Menschenmenge. An früheren Oktoberfesten wollte ich mich an einen Tisch setzen und mitsaufen, an der Seite eines Mädchens die Lust haben und ihr im Augenblick nichts anhaben können und in Eifersucht bersten, weil der Nachbar nach ihr tapst, aber sie nachher nach einem heftigen Streit irgendwo fast zerquetschen. Aber wie ein Kranich gehe ich durch die Reihen und tanze den Zigarettentanz, viel Geld zu verdienen. Über den Köpfen ist viel Rauch. Unter meinem Bauchladen sitzt Ministerpräsident Goppel, er kauft mir nichts ab. Sporer spielt mit seinen Hanseln den Bayerischen Defiliermarsch. Langsam komme ich die Treppe herunter, das ist wie von Delfi aufs Meer schaun. Alle: O mein Papa wie ist er herrlich anzuschaun. Alle an einem Tisch schunkeln, ein Mädchen hat den Kopf auf die Tischplatte gelegt. Die Mutter unterbricht ihren Gesang, sie schubst das Kind in den Rücken. 2 Buben laufen zwischen den Gehenden. Beladene Kellnerin: Herrgott Kinder! Mutter: Da gehts her! Sie reißt sie an den Ohren, die vor Übermüdung knallrot sind. Frau: Das Wiesenvergnügen wollen sich die jungen Leute nicht versagen und zum Aufpassen haben sie niemand, die armen Kinder müssen das aushalten. Vater: Zigarettenmo! Speim muß i. Mutter: Alfons ist dir schlecht? gehma heim, den Kindern wirds eh schon zlang, nehma a Taxi. Vater: A a Fischsemmi! Zigarrn Zigarettn. Mann: Hast keine Antibabypille? Zigarrn Zigarettn. Anderer: Heiße Wiener kalte Straps. Alle: Schützenliesl dreimal hats gekracht du hast mir das Glück gebracht. Mann: Halo junger Mann Zigaretten! Das Mädchen der Nummer 5 lächelt, ich lächle. Es macht mir nichts aus, ihr ein Geschäft wegzuschnappen. Ich: Schon fertig? Sie: Ja müde. Ich: Vom vielen Geld. Sie: Haben Sie nicht die Rosenfrau gesehen? sie wollte mich noch sprechen. Ich: Ja vor 2 Stunden am Wurststand, dort wird sie nimmer sein. Wir: Hahaha. Ich: Müssen Sie Ihr Geld abliefern? Sie: Ich bitte Sie! Ich: Ich dachte, ihr macht es wie die Indianer. Sie: Viel Glück! Sie schlägt mir auf die Schulter, leicht. Ihr Freund trägt wieder den Laden. Wo ist sie? Er geht in die Box 1. Sie steht vor Box 9 und spricht mit einem. Die Rosenfrau geht an ihr vorüber, vielleicht ist es eine andere. Frau: Frische Rosen. Wo ist sie? Rosenmädchen: Verkaufen Sie viel? Ich: Sie? Sie: Wenn ich den Strauß verkauft hab, sind es 100 Sträuße. Ich: Ist das viel? Wo ist das Mädchen von Nummer 5? Gestern um halb 6 hätte ich beinah ihren Namen erfahren, Nummer 5: Da ist schon meine Ablösung. Wie heißt sie, fragte ich mich, ach so Ablösung. Die Musiker haben das Podium verlassen, sie stehen an der Küche an, es wird 8 sein. Mein Schef: Daß Sie fei in den Garten hinausschaun, der ganze Garten is voller Leut und kein Verkäufer is draußen. Schon wieder muß ich die Scheißbüchse der Villigerkiel aufmachen, womit ich nur 5 Pfennig verdiene. Frauen lassen sich nicht abhalten, Zigaretten zu kaufen, auch wenn ihr Begleiter noch eine volle Packung hat. Ordnungsmänner nehmen einem Ausländer ein feststehendes Messer ab. Ordnungsmann: Der spielt sich immer damit. Anderer Ordnungsmann: Morgen abholen. Ausländer: Warum, damit essen. Ordnungsmann: Nimms ihm! Anderer Ordnungsmann: Gibs ihm, ist ein Reporter von Italien. Im Garten schläft einer in seinen Krücken stehend. Alle: Bayern. Alle: 60. Zigarrn Zigarettn. Mann: Wir können net bloß raucha, wir müssen a wos sauffa. Ich: Hast kein Geld mehr. Mann:

Was, soll ich dir mit den Tausendern die Ohrwaschel vom Kopf haun! Anderer: Halo was willst, aso ich will was, Ernte 23. Andere: HB ohne, gibts net, schneis ab. Anderer: Schrei mi net so an, ich bin net beim Barras! Besoffener: Wer Rothhändle raucht, scheut nicht den Tod. Anderer: Die Zigarrn war gut. Ich: Davon hab i nix. Nach dem blöden Husten bekomm ich den Schnackler, der den Bauch mit Luft füllt. Männliche Schreie gegen den Schnackler. Wenn das Geschäft geht, komm ich auch mit dem Schnackler aus. Gleichmäßig schnaufen, den Schnackler vergessen. Der Wille erzeugt Antischnacklerfermente, die etwas später als der Wille wirken. Wenn einer winkt, nicht an den übrigen vorüberhasten. Welche Erleichterung ohne Schnackler zu schreien. Dreimal geschnupft, durch die Hand gerotzt. Jetzt spielt die scheppernde Dachauer Bubenkapelle. Frau: 2 Stunden wart ich schon auf dich. Mann: Ich wart 6 Stunden. Zigarrn Zigarettn. Mann: Schlawiner Ansichtskarten. Hab Luft im Bauch und kann nicht rülpsen. Gegen Wertmarken der Firmen gebe ich nur Ware, wenn ich einige Marken draufbekomme, die Kellnerin tauscht sie mir in Geld um. Rülpse ich, ist der Schnackler wieder da. Kellnerin: Der Stuhl gehört an mein Tisch. Jeder Tisch hat 10 Stühl. Wenn Sie ihn nicht hertun, hol ich den Ordnungsmann! Jetzt rülps ich die Luft, die ich eingeschnackelt hab. Jetzt singt die Bräurosl nochmal, in der Box schaut man mir freundlich entgegen. Geh aus dem Weg, schreit ein jeder. Mit meinem Kasten an einem Wollpullover hängen geblieben. Ein Besoffener umhalst mich. Lippen springen, das Geschäft ist wie abgeschnitten. Alle: Solang der Alte Peter kornblumenblau. Das Mädchen der Nummer 5 sitzt immer noch am gleichen Tisch, ein mustaschbärtiger küßt sie, Nachbar: Frißs net kruzifix! In der Box dem Chef von Oberpollinger eine von einem Abteilungsleiter gestiftete Virginia hinters Ohr gesteckt. Das Rosenmädchen läuft jetzt mit einem Körbchen Veilchen. Einmal gehe ich noch alle Boxen durch und den Garten. Alle: Ein Heller und ein Batzen vor der Kaserne vor dem großen Tor Westerwald. Einer erhebt sich grinst mich an und setzt sich wieder nieder. Mann: Das Zehnerl schenk ich dir als Reiseproviant. Kapellmeister: Es geht alles vorüber. Alle: Es geht alles vorbei. Mann: Halo Schef an Rauch! Alle: Schiefe Absätz und in jedem Strumpf a Loch Zigarrn Zigarettn. Mann: Ja bitte. Das ist der Kontrollör, verlangt Astor, 2 Zigarrn, macht mit gutem Gewissen 3,10, er gibt 4 Mark und läßt es stimmen. Im Garten kotzt einer. Zapfenstreich, halb elf. Ich gebe den Laden ab, bevor das Licht abgeschaltet wird und den noch verweilenden Gästen die Stühle auf den Tisch geklappt werden. In Zivil verstehe ich nicht, daß mir keiner was will. Wie ein Dieb schleiche ich zwischen den Schwankenden. Ich habe 70 Mark verdient. Lautsprecher der Tarantella: That was the day I fall in love. Umsteigen, kann an der Haltestelle nicht stehen, die Füße das Kreuz die Schulter der Kopf, gehe hin und her, da kommt sie ja, die Linie 21. Kontrolöse: Daß du noch lebst! Fahrer: A bißl.

[1969]

Hans Hellmut Kirst
Festwiesenlichter

Das alljährliche, sechzehn Tage dauernde, im September beginnende Münchner Oktoberfest ist eine weltweit anerkannte, fremdenverkehrsfördernde Volksbelustigung. Millionen Liter Bier, Verspeisung etlicher hunderttausend Brathühner und vielhunderttausender gegrillter Schweinswürste – dazu noch so an die vierundzwanzig am Spieß gebratener Vollmastochsen.

Des hiesigen und angereisten Volkes wahrer, wenn auch nicht sehr billiger Himmel! Wohin man blickte: Brezenberge hier, Herzenhaufen dort, ein Bierlöwe brüllte mechanisch himmelwärts; ein gewisser Jakob imitierte am Festesrande Vogelstimmen; ein Anreiter des »Hippodrom« animierte zu amüsant empfundenen Pferdequälereien; mehr als zwei, drei Dutzend Schaubuden priesen durch Lautsprecher möglichst Monströses bis Nacktes an.

Dazu hundert und mehr lustbereitende Apparaturen: Achterbahnen, Elektrogleiter, hydraulische Drehinstrumente und schnell rotierende Schwerkraftüberwinder. Eine gigantische nervenkitzelnde Bewegungsmaschinerie wurde hier tagtäglich von Mittag an in Betrieb gesetzt und bis dreiundzwanzig Uhr in Bewegung gehalten – kreischend, surrend, röhrend, schreiend, grölend! Mit Hilfe von Hunderten von Lautsprechern.

Und eine wie trunkene Menschenmenge schwankte eng aneinandergedrängt, bierselig und erlebnislustig durch die Budenstraßen – buhte sich an, brüllte sich zu, stieß oktoberfestfreudiges Gelächter und Geschrei aus – Stimmung genannt.

Unerschütterlich massiv und breit über allem ragend: die erzene Bavaria am Rande des Festgeländes – weithin deutlich erkennbar als ungemein kompaktes, absolut unerschütterliches Weibsbild. Voll angestrahlt mit grünlichem Licht! In ihrem Kopf eine Aussichtsplattform montiert.

Autoschlangen umkreisten das Gelände wie Fackelzüge. Ein Riesenwurm aus Menschenleibern drängte sich über die Feststraßen vom Haupttor aus, das betont münchnerisch ausstaffiert war: Stadtfahne, Stadtwappen, Stadtsymbol. In großen Schriftzügen darüber: Willkommen zum Oktoberfest! Der Abglanz von vieltausend Festwiesenlichtern ließ den Himmel über diesem Teil von München weithin reflektierend aufleuchten. [1971]

Herbert Schneider
Die große Menschenschau

Obwohl ich schon als ungeborenes Kind und erst recht seit meiner Zutagetretung jedes Jahr, anfänglich geschoben und gehoben, später eigenfüßig, auf der Wies'n war, wenn a Wies'n war, kann ich auf die Frage, was das Oktoberfest eigentlich ist, keine exakte Antwort geben. Selbst der pfiffige Vogel-Jakob unter der Bavaria, den ich danach gefragt habe, hat bloß das Detail gewußt, »daß a Wies'n ohne Pfeiferl wiara Bett ohne Wanz'n is«.

Daß das Oktoberfest Europas größte Festivität sei, habe ich natürlich schon ein paarmal gehört. Mir aber geht es um tiefere Erkenntnisse.

Wie von Jugendtagen gewöhnt, nähere ich mich der Wies'n von Westen. Und gleich beim ersten Brotzeitstandl kaufe ich mir eine Fischsemmel. Diese Fischsemmel-Faszination ist gleich so ein ungelöstes Wies'n-Rätsel. Wer verspürt denn schon unterm Jahr Appetit auf sowas? Vielleicht steckt hinter dem unerklärlichen Drang nach Oktoberfest-Fischsemmeln die Neugierde, ob sich der Semmelteig immer noch so schlecht mit den sauren Sardinen verträgt, und ob der Semmelrachen wie üblich nur auf der Schauseite prall gefüllt ist und ab der Mitte nur eine durchweichte Molln aufweist.

Obwohl das Ergebnis stets negativ bleibt, wirkt das Fischsemmel-Trauma unvermindert weiter, wahrscheinlich bis ans Ende der Tage.

Ein weiterer Zwang besteht für den gelernten Wies'nbesucher darin, der Reihe nach alle Bierbuden abgehen zu müssen, um die erfolgten Veränderungen zu registrieren. Das ist, wie wenn man nach einem Jahr wieder einmal seine Freunde besucht und dabei feststellt: Die Hubers haben sich einen neuen Küchenkasten angeschafft und die Müllers die Ehebetten auseinandergerückt. Selbstverständlich mißbilligen wir die ohne unser Einverständnis gemachten Eingriffe in den gewohnten Bierbuden-Look. Einfältig wie wir sind, glauben wir nämlich, daß wir Mitbesitzer und stille Teilhaber von dem allen sind.

Dabei haben sich die Festwirte bisher anstatt einer Gewinnausschüttung lediglich zu dem Zugeständnis bereit erklärt, an den Schänken Plakate aufzuhängen, auf denen zu lesen steht: »Schlecht gefüllte Krüge bitte nachfüllen lassen.« Immer, wenn die Schenkkellner auf diese Plakate blikken, ballen sie in ohnmächtigem Zorn ihre waffenscheinpflichtigen Pratzen.

Für einen Urmünchner von echtem Grimm und Grant

kann die Wies'n sehr schnell zu einem Ärgernis werden. Da steht vor einer Bierbude ein Festgespann, die Pferde prächtig aufgeputzt, und alles freut sich des schönen Bilds. Nicht so ein alter Münchner. Er brummelt etwas von »Schlamperei« und daß es sowas früher nicht gegeben hätte!

Allmählich kam ich drauf, was er meinte: die zwei vorderen Pferde hatten lange Schwänze, die wie dauergewellt aussahen, während die hinteren kurze Bubiköpfe über der großen Falte trugen. Um ihn zu trösten, sagte ich zu ihm: »Aba zerst erst, da hob i zwoa Chinäsn gsehng, de ham in da Fischer-Vroni an warma Leberkäs gessn!«

»Naa, is des heit a Welt«, sagt da der Alte, schüttelt den Kopf und stößt seinen Hackelstecken zornig in einen Haufen Roßbollen. Als ob die was dafür könnten!

Andererseits kann die Wies'n auch zu einem Ort der Rührung werden. So, wenn wir entdecken, daß es noch immer eine gewisse Sorte Magenbrot gibt, von der uns als Kind einmal schlecht wurde, daß an den Obstständen Kokosnußmilch aus einem Maßkrug ausgeschenkt wird wie schon vor fünfzig Jahren, oder daß die gute alte Krinoline unberührt um ihre hektische und halsbrecherische Nachbarschaft dahinschwebt wie ein unsterblicher Schmetterling.

Auch eine große Menschenschau ist das Oktoberfest. Da kann man ein ganzes Jahr lang in der Alten Pinakothek sitzen, dann sieht man nicht so viele Leute wie hier an einem einzigen Tag: aufgeblähte Zwickel-Teutonen aus allen Gauen des Restreichs, rotbackige Försterinnen vom Silberwald, gefährliche Hosenanzüglerinnen, handgeschnitzte Ökonomenköpfe, sizilianische Schafwascher, schrillkreischendes Schülerinnenvolk, brave Muttis mit Kind aber ohne Kegel, alte Ehepaare, die sich mit türkischem Honig füttern, und dazwischen immer wieder forschende Blicke, die fragen: Wärst vielleicht Du der oder die richtige? Andere lassen ihre Augen auch einfach bloß »wiaa waars?« sagen.

Manchen Leuten scheint das Oktoberfest wie das Matterhorn vorzukommen. Weil sie grundsätzlich nur in Bergsteigerkluft erscheinen, mit Bundhose, Anorak, knallroten Nordwandstrümpfen und Kletterschuhen. Sogar Sherpas sind unter ihnen, die den alpinen Nachwuchs in einem Rettungssitz am Rücken tragen. Diese Bierbudenstürmer treten in Seilschaften ohne Seil auf und beginnen nach der zweiten Maß »La Montanara« zu singen. Sie bekommen auch keinen gewöhnlichen Rausch, sondern einen »Almarausch«.

Manchmal kommt es einem aber auch vor, als sei die Wies'n hauptsächlich eine Zusammenrottung von Barbaren. Die Menschheit kann eben nicht ständig bloß in jene gloriose Zukunft blicken, in der sie in Bungalows am Mars wohnt und an Sauerstoffflaschen nuckelt, sondern braucht von Zeit zu Zeit auch die Rückbesinnung auf die Vergangenheit bis hin zur Stein(krug)zeit.

Und so lesen zum Beispiel die Leute voll Genugtuung, was in der Ochsenbraterei neben dem frisch aufgespießten Kandidaten mit Kreide auf einer großen Tafel geschrieben steht: »Das ist der zehnte Ochse. Er war eineinhalb Jahre alt.«

Eine Bude weiter schmettert die Musik den Nahkampfwalzer »Auf und nieder, immer wieder« ins entfesselte Volk, und wenn man jetzt vom Innenbalkon herunterschaut, sieht man die Sexwelle, dargestellt von ein paar tausend Bierseligen, leibhaftig durch das Zelt branden. Und dann stehen

Looping
Kasse

sie auf den Tischen, stampfen die abgenagten Knochen nieder und besingen die Liebe im Hafen, die Waldeslu-u-st, die Reeperbahn nachts um halb eins, den wunderschönen deutschen Rhein, das muntere Rehlein, aber auch das Polenmädchen und die Pest an Bord vor Madagaskar. Im Eck hinten wird gerauft, die Ordner stürzen herbei, rammen die Streithansln, reißen sie auseinander, werfen sie hinaus. Und alles jubelt, alles lacht! Hier wird fehlendes Alltagsglück nachgeliefert, ein Prosit der Gemütlichkeit, oans, zwoa, dreitausend bsuffa!

Vielleicht braucht man das manchmal. Vielleicht ist das Oktoberfest in Wahrheit ein riesiges Ventil, eine Art seelisches Bad Wörishofen, mit kalten Biergüssen und warmen Hendlanwendungen. Wenn auch die Krankenkassen nichts dazuzahlen.

Man hört immer wieder, daß man sich auf der Wies'n gesundmachen kann. [1971]

Gerhard Polt
Kleine Wiesnkunde

Der Mann mit dem Antilopentrachtenlederkostüm war perfekt. Er war total charivarisiert. Er nickte ständig mit hochrotem Kopf. Um diese Zeit kommt so ein Teint aus Ibiza oder Formentera.

Anschließend geht er sofort aufs Oktoberfest, weil er ist ein Traditionalist. Seine Begleiterin ist eine flachsblonde Person, sie hat sich ihr Dirndl in New York anfertigen lassen, bei Sepp's im Hirschhorncenter.

Die flachsblonde Person ißt nie irgend etwas, will auch

heute keinen *loup de mer*, obwohl sie auf dem Oktoberfest ist, sie sagt: »Es ist da immer recht zünftig.«

Inzwischen sind noch mehr Leute mit perfekten Antilopentrachtenlederkostümen da. Unter ihnen befinden sich keinerlei Kinder, bis auf das eine in einem Antilopentrachtenlederkostüm, auch der Trachtenhut ist aus Antilope. Der Gamsbart ist aus Glasfiber. Der echte Gamsbart könnte auf dem Wege zum original Bierzelt verlorengehen.

Der Mann, der immer noch nickt, sagt: »I war ois Kind scho auf der Wiesn.« Er sagt es betont und sagt es fast bayrisch, da er gerade keinen Geschäftsabschluß feiern muß.

Alle Leute im original Bierzelt sind jetzt zünftig und erzählen sich, was ihre Antilopentrachtenlederkostüme gekostet haben. Ein Zeitungsverkäufer, also ein Pakistani, verkauft gerade eine Schlagzeile. Diese besagt, daß einer, der gestern noch überall im Antilopentrachtenlederkostüm zu sehen war, jetzt pleite ist. Der echte Gamsbart wurde ihm vom Hut heruntergepfändet. Es geht ein Raunen durch das original Bierzelt.

Der Mann aus Ibiza oder Formentera erzählt eine nette Geschichte. Ein guter Freund von ihm, also ein Mensch durchaus im Antilopentrachtenlederkostüm und immer total charivarisiert, ging in das Spiegellabyrinth. Da er »am Ende« war, also total alkoholisiert, fand er aber aus dem Spiegellabyrinth nicht heraus. Da jedoch ein Gesetz lautet: »input = output«, mußte sich der Freund im Antilopentrachtenlederkostüm entleeren und tat dies gänzlich und, wie man so schön sagt, total.

Die Wiesnbesucher konnten in das Labyrinth von außen einsehen und waren total begeistert. Der Mann nickte jetzt noch intensiver und schrie: »Das war der größte Tag auf der Wiesn!« Darauf bestellte er eine »Magnum«, also eine Riesenflasche Champagner, und erzählte die Geschichte an diesem Wiesntage noch mindestens neunzehn Mal oder mindestens so oft, wie er es einem jeden erzählen konnte. Von irgendwo draußen im Gewoge geht ein Mann mit einem Schild durch die »Zünftigen«, auf dem abzulesen ist, wo man sich eine Alkoholleiche abholen kann, falls noch Interesse daran bestünde. Der Mann neben mir ist ein arrivierter Ausländer im Antilopentrachtenlederkostüm und sagt, er freue sich schon sehr, daß er wieder auf der Wiesn sei. Vor zwei Jahren schlug ihm ein Subjekt, also ein anonymer Wiesnbesucher, mit der Faust derart ins Gesicht, daß er unglücklich stürzte und wegen eines Blutgerinnsels im Gehirn ein Jahr stationär blieb, aber in einem Firstclass-Krankenhaus.

Wahrscheinlich hat das anonyme Subjekt trotz dem Antilopentrachtenlederkostüm erkannt, daß es sich bei ihm um einen Ausländer handelte. Um sich noch besser völkisch zu integrieren, bestellte er sogleich eine Portion Mozzarella und Reiberdatschi mit Malossolkaviar.

Wenn er schon auf die Wiesn gehe, dann möchte er schon wissen, warum, sagt der arrivierte Ausländer.

Ich greife jetzt zu meinem Antilopentrachtenlederkostüm, verlasse die Wiesn bei Nacht, sehe die Lichter, erkenne die Fischsemmeln wieder, das einzige, was so ist, wie es immer war auf der Wiesn, und hoffe, nächstes Jahr wieder dabeizusein.

PS: Wer unbedingt geschäftlich was erreichen will, so oder so – nächste Woche ist in Singapur Oktoberfest. Die Firma

Pfr & Co. verleast ein ganzes Oktoberfest. Die Antilopentrachtenlederkostüme werden in Kenia angefertigt.

[1987]

Andreas Neumeister
Salz im Blut

Heuer haben wir zu fünfzehnt nur zwei Biermarken, so schlecht geht es uns. 13 müssen schon die erste Maß selbst bezahlen. Da macht man die beste Zeitung weit und breit, und der Lohn sind zwei läppische Biermarken für 15 Leute. Der Werner muß was springen lassen, und der Herbert muß was springen lassen, der Ruppert springt auf, und die Ingrid springt dazwischen. Als es so weit war, wollte ich mit dem Doppellooping nicht fahren, gerüchteweise wußte ich schon, daß es nächstes Jahr einen Dreifachlooping geben würde. Aber wer weiß, ob ich, in Erwartung eines Vierfachlooping, nicht auch noch den Dreifachlooping verschmähen würde. So gut geht es uns. Schließlich will ich auch noch den im Schatten des Zweifachloopings arbeitenden Gernot und seinen Josef aufsuchen. Das schau ich mir jedes Jahr wieder neu an, wie die es schaffen, zwei Wochen auf dem gleichen Karussell zu stehen und die Leute abzukassieren. Das ist im Grunde nur denkbar, wenn die Gehirnmasse freibeweglich im Schädel schwimmt und sich ein von den Fliehkräften unabhängiges Leben macht. Ist es so, oder stellt sich der Laie die Lösung zu einfach vor? Eine Blaskapelle spielt auf, so schön, du glaubst es nicht. Und ein jeder hat anschließend sein Geld hineingetan in den hingestellten Filzhut der schönen Blaskapelle. Schaun wir mal, wie es der Dagmar im Augustiner-Festzelt ergeht, die eine Polaroidkamera mit sich herumträgt, Tisch für Tisch alle durchfotografiert, keinen ausläßt. Diejenigen, die das von ihnen angefertigte Foto tatsächlich kaufen, finanzieren doppelt den unvermeidlichen Ausschuß, und wenn die Dagmar Glück hat, dann nehmen sie noch so einen durchsichtigen Schlüsselanhänger dazu, in den wird das ausgeschnittene Foto hineingesteckt. Vom Ausschuß des letzten Jahres hat sie mir ein paar Pfund geschenkt, die liegen jetzt bei mir daheim unterm Schreibtisch und warten auf Auswertung. Nach verschiedenen Kriterien habe ich schon vorsortiert, aber weiter bin ich noch nicht. Noch eine kenne ich, die ist Bedienung, aber jetzt fällt mir nicht ein, in welchem Zelt, aber so gut kenn ich sie auch wieder nicht, aber ich kenn sie. Hauptsache, ich muß selbst nicht bedienen und ich muß selbst nicht irgendwen schaukeln oder phosphoreszierende Plastikschläuche verkaufen. Ich würde alle nur unverständlich anraunzen, aber das geht nicht. Wer von einem Umsatz lebt, der muß auch was hergeben. Dagmar und ihrer Kollegin Michaela würden sie sauber einheizen, wenn sie die Fotos nicht hergeben würden. Gernots Karussell ist eines der langsamsten auf der gesamten Festwiese, aber ich schau mir immer die Mechanik an, die man als Mitfahrer in bestimmten Phasen der Drehbewegung sehen kann. Was das Eigentliche dieser Veranstaltung ausmacht, das ist die Mischung aus Bierschädel und dem mechanischen Auf und Ab gekippter Kreisbewegungen, und das alles eingebettet in Raum und Zeit und über einen bestimmten Zeitraum hinweg. Augen und Ohren wird recht übel mitgespielt, und man kann nicht genug kriegen davon. Einer, der nicht richtig mitmachen will, der muß mit Recht mit Totschlag rechnen oder ihm wird übel mitgespielt, denn das ist Herausforderung von Notwehr, wenn hier rundum anständig gefeiert wird und einer tanzt nicht mit. Am besten verdient man mit einer richtigen Tracht, die man haben müßte, wie mein Vetter. Zu einer kompletten Originalausstattung gehört aber mehr dazu als nur eine Lederhosen. Einen Fünfer für jedes Foto. Wenn du einen erwischst, der dich umsonst fotografieren will, dann siehst du dich gezwungen, gleich einen Zehner abzukassieren, Versuch der betrügerischen Aneignung von optischen Eindrücken. Für so einen Deppen würde ich auch nicht umsonst lächeln oder einheimisch dreinschaun. Von mir aus nicht. Von mir gibt es auch so Oktoberfestfotos, Schwarzweißfotos, vier Stück. Hinein in die Karusselltrambahn, hinauf auf das Karussellpferd, hinüber zur Karussellfeuerwehr, auf dem vierten steh ich mit einem riesigen, in rotes Zellophan gewickelten Schokoladenherz neben Tante Annemarie. Vater hatte damals immer Hendl- und Biermarken fürs Pschorrzelt. Dyckerhoff hat zu dieser Zeit viel für Pschorr gebaut, die Flaschenabfüllerei zum Beispiel. Die Hendlmarken waren aus Papier, die Biermarken schmucklose Metallscheiben. Und als die neuen, greislichen Fünfmarkstücke herauskamen, haben sie hier allgemein Biermarken geheißen, also jeder hat das gesagt, weil die auch nicht anders ausgeschaut haben als normale Biermünzen. Als ehemaliger Bootsbauer müßte der Herbert jetzt Moonboat fahren. Gelbe Chips. Der Ruppert als Sechzger-Fan muß Spaceball fahren. Blaue Chips. Die Vereinsfarben Weiß und Blau sind häufig vertreten. Ingrid hat's nicht so gut. Ihre Vereinsfarbe ist schwarz. Schwarze Chips. Teufelsrad: grüne Chips. Blauer Enzian: graue Chips. Alibaba: blaue Chips. Eigentlich wollten wir gestern in Stadelheim für die Freilassung von Genossen demonstrieren, doch die Zecherei am frühen Morgen, nach dem Fertigstellungskampf der letzten Nummer, verhinderte die Teilnahme an der Aktion. Statt dessen besetzten die Roten mit Unterstützung der Schwarzen das Feinkost-Käfer-Zelt. Der Staatsschutz ließ ganze drei Minuten auf sich warten, der Saalschutz lag schon unterm Tisch, wir stiegen auf die Tische und verzierten die Zeltplanen mit unseren miesen Gedanken. Unbezahlbare Gänseleberpasteten und über zwanzig leerstehende Tische lassen wir uns auf dieser Festveranstaltung nicht gefallen. Das neueingerichtete und von uns als Freibierzentrale vorgesehene Feinkost-Käfer-Zelt war bereits drei Minuten besetzt, als die erste Dutzendschaft heraneilte. Schon die ersten Staatsschützer mußten Haltung zeigen, als sie die Kreativität eines Parolenschmierers unterbrachen. Zu Fuß jagten sie der verdächtigen Person hinterher und sahen sich gezwungen, über Bierleichen zu springen. Die Beamten zeigten Verhältnismäßigkeit und zogen ihre Knarren. Andere hinderten sie mit Blechgeschossen aus dem Container am Finalen Rettungsschuß. Nach diesem Triumph zogen sich die Besetzer scheinbar zurück und verharrten im Hinterhalt. Die inzwischen stark verstärkten Staatsschützer besetzten das besetzte Zelt und durchsuchten Schanktresen und Prominenten-Boxen. Dabei wurden sie hinterrücks von Stinkbömbchen belästigt und durch einen Böller aufgeschreckt. Das konnte sich die Staatsmacht erst recht nicht gefallen lassen, sie mußte den CS-Krieg eröffnen. Die lachende vierte Generation hatte gut lachen, denn der Wind stand ihnen günstig. Von der anderen Zeltseite skandierten Nachrücker einen Hohngesang und befreiten einen Polizeihund aus dem Käfigwagen. Die Italiener, siehe Italien, und die Engländer, siehe England, haben es durchschaut, daß das Oktoberfest, auch Wiesn genannt, weder mit dem Oktober, in dem es früher stattfand, noch mit einer Wiese besonders viel zu tun hat. Sie reden vom Bierfest, ich habe also jeweils zurückübersetzt, in unserer Sprache aber ist das gleiche Wort nur als Adjektiv und in Kleinschrift gebräuchlich, die positive Antwort hingegen auf die Frage: bist du bierfest? kann in den verschiedenen deutschen Sprachregionen eine sehr unterschiedliche Literangabe umschreiben. In diesem Zusammenhang geht es auch um die Häufigkeit des Abseichens der sich ansammelnden Harnflüssigkeit, es gilt als ungesellig, diesem Drang allzuoft nachzugeben. An den Tischen im Mittelgang wird seit 1981 auch noch der gelungene Bombenanschlag von 1980 gefeiert. 1984 wurde zusätzlich noch die Einstellung der Ermittlungen wegen des Oktoberfestanschlages gefeiert. Nächstes Jahr ist das erste runde Jubiläum, das mag ein Remmidemmi geben! Die CSU fand den faschistischen Anschlag zwar nicht so gut, will aber, auf Druck von links, ihre Teilnahme an den Feierlichkeiten nur absagen, wenn die SPD mit der ihr unterstellten Feierei geglückter RAF-Anschläge aufhört. Jetzt sagt die SPD mit Recht, die CSU soll doch mit ihrer ständigen idiotischen Aufrechnerei aufhören, sie soll mitfeiern oder nicht mitfeiern, aber sie soll nicht anderen Leuten ungefeierte Feste andichten.

Zurück in Arapongas, hatte ich mit Hilfe der von ihm dort zurückgelassenen Stiefel die frühere Behausung des Franzosen tatsächlich gefunden, traf dort aber, außer den Stiefeln, nur mehr eine alte Frau an, von der ich trotz größter Verständigungsschwierigkeiten immerhin erfuhr, daß der Franzose schon vor längerer Zeit mit unbekanntem Ziel verschwunden sei. Schließlich führt mich die Frau durch die erbärmliche Hütte, führt mich in einen angebauten Verschlag und will mir dort was zeigen. Eine kleine Matratze hinter einem Brett. Flach liegt da ein Hund, um ihn kreisen dick die Fliegen. Ist er halbtot oder tot? Den Franzosen wollt ich finden, und was find ich? Dem Hund hängt was um den Hals. An einem roten Band ein in der Hitze verformtes Schokoladenherz in rotes Zellophan eingepackt. Es steht was drauf: Gruß aus München, der Weltstadt mit Herz. – Ein Oktoberfestgruß. Grüß Gott! Wenn auf einem Herzen, egal wo in der Welt es gefunden wird, ein so eindeutiger Satz steht und in München selbst nirgendwo das Herz von München aufzufinden ist, dann kann nur noch dieses zellophanverpackte Schokoladenherz selbst das Herz von München sein. Endlich hat die Großstadt ihr Herz zurück! Welch Jubel von allen Seiten. Endlich können alle Schrittmacher abgestellt werden! Das ist mein Angebot. Wer die Revolution will, uns nach! Von überall ein Vorwärtsdrängen. Hangaufwärts, an der Bavaria vorbei auf die Straße. Ein Johlen aus zehntausend Mündern. Auf der Schwanthaler Höhe sind teilweise die Rolläden heruntergezogen. Die Theresienwiese leert sich, die Versammlung löst sich auf. Richtung Landsberger Straße, den Kasernen zu! Eisner, ernst und blaß. Breit und wuchtig ausschreitend der blinde Bauernführer Gandorfer. Drumherum die treuesten Anhänger. Nur fünf Schritte davon entfernt, ein Herr Graf aus Berg, als Zeitzeuge ganz vorne dabei. Die Augustiner Brauerei ruht. Nichts steht im Weg, keine Gegenwehr. Alle Schutzleute sind verschwunden. Offene Fenster im ganzen Westend. Rote Tücher in offenen Fenstern. Verstärkung kommt aus den Seitenstraßen. Als ginge es zu einem Fest. Das wiedergefundene Herz von München wird an einer langen Stange hochgehalten. Als ein Symbol. Es trifft die Nachricht ein,

Matrosen hätten schon die Residenz genommen. Ein Hoch auf die Matrosen! Ein erstes Stocken bei der zur Kaserne umfunktionierten Guldeinschule. Der erste Schuß, Durcheinandergerede und dann die Schritte, dann Tumult. Die rote Fahne kommt aus einem Fenster der Guldeinschule. Die Mannschaft hat sich für die Revolution erklärt! Soldaten mit roten Sacktüchern an den Läufen. Bei der Überquerung der Donnersberger Brücke gerät ein uniformierter Zahlmeister in die Menge. Ein Hüne droht: Epauletten ab! – Ein Syndikalist schimpft, der Graf greift schlichtend ein. Die Kleinen muß man laufen lassen. Unten auf den Gleisen bewegt sich nichts. Über die Donnersberger Brücke hinein nach Neuhausen! Kahle Bäume im Schatten. Hinein ins Kasernenviertel! Als ginge es zu einem Fest. Eine Abordnung stürmt in die Kaserne, und wenn wenige Minuten später die erste rote Fahne aus einem Fenster hängt, dann jubelt die Menge. In den meisten Kasernen ergeben sich die Mannschaften kampflos. Die Soldaten laufen über. Endlich, nach gelungenem Auftakt, geht es der Innenstadt zu. [1990]

Robert Gernhardt
Oktoberfest

Sitzend mit den Ungeschlachten
fühl ich mich federleicht
und fremd.

Stehend am Morgen danach auf der Waage
weiß ich: Ich war unter
meinesgleichen. [1990]

Claudia Hief-Schmal
Da kannst schon alt werden, auf der Wiesn

Auf der Wiesn bin ich erst das zweite Jahr und es gefällt mir sehr gut. Ich wollt' ja schon vor sechs Jahren auf die Wiesn hinaus, aber da hat mich mein Chef nicht lassen. Damals war ich noch in Kaltenberg angestellt und die ganzen Aushilfen haben auf der Wiesn gearbeitet. Klar, ich als feste Kraft durfte nicht. Deswegen hab' ich meiner neuen Chefin gleich bei der Einstellung gesagt, daß ich meinen Urlaub während der Wiesn nehm'. Aber das war dort kein Problem.

Die Arbeit selber, auch im ersten Jahr, war gar kein Problem für mich. Außerdem arbeite ich mit meiner Freundin zusammen, die macht das jetzt seit sechs Jahren, das geht vollkommen reibungslos. Von dem her ist es eigentlich Routine. Wer schon einmal einen Biergarten gemacht hat, volle Power und maßkrugmäßig, den kann die Wiesn nicht aus dem Gleis schmeißen. Ich hab's mir sogar schlimmer vorgestellt. Freilich, es gibt schon Tage an denen du zu beißen hast. Man ist selber ja nicht immer gleich gut drauf, auch die Gäste sind nicht immer freundlich, aber das ist überall so, da muß man durch. Das hat ja mit der Wiesn erstmal nichts zu tun.

Die beiden Jahre waren meine Freundin und ich zusammen im gleichen Service. Sie war schon einmal in der Box, aber sie sagt, im Schiff gefällt es ihr besser. Obwohl das Schiff natürlich einige Sachen mit sich bringt, die man in der Box nicht hat. Manche Leut' können damit nicht umgehen. Mit dem Bier, der Musik, der Stimmung, da flippen sie total aus. Wenn sie es dann zu bunt treiben, dann muß man was dagegen tun. Zum einen natürlich auf die freundliche Art, andererseits muß man sich schon Respekt verschaffen, wenn man nicht will, daß einem auf der Nase herumgetanzt wird. Außerdem gibt es tatsächlich Leute, die meinen, eine Bedienung sei das letzte. Die behandeln dich auch so. Einmal hab' ich so einen Fall gehabt. Der hat gemeint, für fünf Mark Trinkgeld ist die Bedienung inklusive. Der hat dann zum Grapschen ang'fangt. Zuerst hab' ich ihm gesagt, er soll das bleiben lassen, dann hab' ich ihn in' Rotlichtbezirk g'schickt, hab' g'sagt, dafür müßt' er in die Hansastraße gehen, und als er es dann immer noch nicht lassen hat können, hab' ich ihm eine g'schnalzt und gesagt, er soll aus meinem Service verschwinden. Er wollt' zwar nicht gehen, aber er hat nichts mehr zu trinken bekommen, nacher ist er'gangen. Bei solchen Sachen ist es natürlich gut, wenn Bekannte da sind, oder Stammgäste, die dir helfen können. Das tun die auch.

Ansonsten geht es bei uns recht human zu. Obwohl natürlich immer wieder etwas vorkommt. Letztes Jahr zum Beispiel hat eine Bedienung einen Maßkrug d'rübergezogen bekommen.

Aber man kann sich auch anderweitig verletzen. Mir zum Beispiel ist es passiert, daß ein Maßkrug zerbrochen ist, als ich ihn, mit einer ganzen Ladung zusammen, in die Spülmaschine gestellt hab'. Der hat sich dann so verreckt verkeilt, daß ich mich, als ich meine Hand hinausziehen wollt', geschnitten habe. Zwar auf den ersten Blick gar nicht so schlimm, aber dummerweise genau über dem Fingerknöchel, an dem ich mich schon einmal verletzt hatte. Die Wunde ist schnell verheilt gewesen, nach drei Tagen war das in Ordnung, aber Probleme hab' ich immer noch damit. Ich weiß nicht, entweder ist da noch ein Splitter drin' oder an der Kapsel wurde was verletzt, keine Ahnung. Die Ärzte genausowenig. Aber das hilft nichts, da muß man d'rüber hinwegsehen, solange die Schmerzen nicht zu brutal werden. Das gehört dazu. Eine Kollegin zum Beispiel ist mit 14 Maß ausgerutscht und hat sich den Arm gebrochen. Aber die sagt: »Da muaß i durch«, und arbeitet weiter. Mit dem Gips. Die hat dann halt bloß noch mit einer Hand das Bier getragen. Die hat gesagt: »Wieso sollt' jetzat i aufhör'n, 's geht doch. Außerdem is' bloß oamoi im Jahr' d' Wiesn, des laß' i ma ned auskemma.« Gut, die haben auch zu zweit gearbeitet, wie meine Freundin und ich halt auch, da geht dann schon was, auch wenn eine nicht mehr die volle Leistung bringen kann.

Eine schauspielerische Ader muß man auf alle Fälle haben. Denn die Leute interessiert das nicht, ob du schlecht geschlafen hast oder Ärger mit deinem Freund. Den Gast interessiert das nicht und es geht ihn auch nichts an. Der will freundlich bedient werden und er will nicht zu lange warten. Das muß man wissen und das muß man akzeptieren. Das gehört zum Beruf. Wer das nicht will und nur wegen den paar Mark auf die Wiesn geht, die es dort zum Verdienen gibt, der wird wahrscheinlich nicht glücklich dabei. Da stimmt dann auch die Kasse nicht, denn ein gutes Trinkgeld gibt es nur, wenn der Gast zufrieden ist. Und zufrieden ist er, wenn seine Ansprüche erfüllt werden.

Es kommt schon vor, daß man nach der Arbeit noch ein bisserl ausgeht. Und aus dem Bisserl wird dann leicht ein bisserl mehr. Bevor man dann schaut, ist die Nacht fast herum und die Arbeit lacht schon wieder. Das kennt wohl jeder. Ich vertrag das aber nicht mehr so gut wie früher, man ist halt doch auch keine 19 mehr. Da gibt's aber welche, die machen das regelmäßig, vor allem am Wochenende. 14 Stunden auf der Wiesn, dann zum Schlucken bis in die Früh' und um neun Uhr wieder auf der Matte. Mir gangerst. Das mach' ich vielleicht einmal und dann schwör' ich wieder ab für ein Jahr. Man wird halt ruhiger. Weil, was soll's auch? Ich arbeit' bis um elf Uhr auf der Wiesn, bis ich heimkomm ist es eins, dann darf ich die Wäsch' in die Maschine schmeißen. In der Früh' steh' ich dann auf, der erste Weg gleich in den Keller, die Sach' in den Trockner 'nei'. Dann wird geduscht, gebügelt und ab durch die Mitte.

Jetzt wohnt meine Freundin aber in München und hat mich überredet, daß wir einmal fortgehen. Weil das mußt d' einmal machen, einfach abschalten, wusch, und an was anderes denken. Na ja, danach waren wir dann noch bei ihr und haben bis um halb sechs in der Früh' den ganzen Kühlschrank leerg'soffen. Das Weißbier war irgendwann aus, dann hat sie aber noch eine Flasch'n Champagner dagehabt, die haben wir dann auch noch weitergebracht, wirklich bis zum Abwinken. Ihr Freund ist dann aufg'standen und hat g'sagt: »Es seid 's ja narrisch, es miaßt's ja in d' Arbat, jetzat geht's ins Bett!« Er hat dann die Dirndln für uns g'waschen, in der Zeit. Ja mei, wenns d' einmal hockst, wir zwei sind da eh ganz schlimm. Drei Tage ist uns das nachg'hängt. Wenn man arbeiten muß, kann man sich das eigentlich nicht erlauben. Es ist so ein Kreislauf auf der Wiesn, den kann man nicht unterbrechen, ohne dafür büßen zu müssen. Am letzten Tag halt, da geht man normalerweise zum Schlucken, mit den Kolleginnen und den Schankkellnern und so. Letztes Jahr hab' ich das auch gemacht, dieses Jahr aber hab' ich gesagt: »Nix gibt's, i geh' hoam.« Und wie's der Teufel will, am Montag nach der Wiesn, also der Tag darauf, ruft mich meine Chefin in der Früh' an und sagt, ich muß kommen, weil die Kollegin krank ist. Und dann war ich froh, daß ich nicht noch mitgegangen bin.

Privat bin ich gar nicht so eine Wiesngängerin. Das geht mir gar nicht ab, daß ich selber nicht zum Spaß dorthin gehen kann. Ich bin auch nicht aus München, sondern aus Geltendorf. Da ist das dann auch nicht so der Pflichttermin, jedes Jahr. Meine Eltern sind dort nie hingegangen und ich war das erste Mal als Lehrling dort, im ersten Lehrjahr. Das war natürlich das Höchste. Mit 15 damals. Da hab' ich auch meine erste Maß Bier getrunken und meine erste Zigarr'n g'raucht. Da hätt' ich fast in d' Hos'n g'macht, zum Gaudium der Kollegen. Und das erste Mal mit der Achterbahn gefahren bin ich auch. Das war schon schön. Ich hab' mir damals gesagt: »Irgendwann arbeit' ich einmal da.« Seitdem wollt' ich das machen und jetzt mach' ich's auch. Als Gast hab' ich das selber nie miterlebt, wie es ist im Schiff, beim vollen Trubel, besoffen. Da bin ich auch gar nicht scharf d'rauf. Als Bedienung ist das anders. Da bist d' so wie ein Roboter, so ähnlich. Da hörst d' Musi manchmal gar nicht. Da rennst d' nur hin und her und wenns d' nichts zu tun hast, dann wischst d' die Tisch' ab. Manche Leut' schimpfen sogar darüber, die sagen, das gehört dazu, daß der Tisch dreckert ist. Aber ich geh' da von mir aus. Ich möcht' nicht an einem dreckerten Tisch sitzen, vollgesaut mit'm Bier und allem. Aber das ist mir in der Lehre auch eingetrichert worden, daß die Sauberkeit das erste Gebot ist.

Wenn wir irgendwo was sehen, daß einer etwas ausgeschüttet hat, eine von uns ist dann immer gleich da und wischt auf. Das hören wir auch oft, daß es bei uns immer so sauber ist. Das ist anscheinend auch nicht überall so.

Als ich noch in der Weiß-Blauen Rose gearbeitet hab', das war bis zu meiner Tochter, da hätt' ich auch schon einmal auf der Wiesn arbeiten können. Beim Heimer im Hendlzelt. Aber nur als Biermadl. Bei der alten Chefin war das noch so, daß es Bedienungen gab und Biermadl. Und die Biermadln sind immer so abgespeist worden. Das wollt' ich dann nicht. Und letztens bin ich mal zu ihm rein, hab' vorbeigeschaut im Lokal, da meint er, ob ich denn nicht bei ihm auf der Wiesn arbeiten möcht'. »Als Biermadl?«, frag' ich. »Na, na« sagt er, »Biermadln gibt's bei uns nimmer.« Aber da war er zu spät dran.

Im ersten Jahr hatten wir Anfangsschwierigkeiten. Wir sind in einen Service gekommen, wo zuvor eine alte Bedienung war, die aufgehört hatte. Da kamen dann deren Stammgäste und waren ganz erstaunt, daß die nicht mehr da war. »Ja mei«, haben wir gesagt, »die arbat nimma, jetzat samma mir da.« Das war brutal am Anfang. Was die alles wollten. Eigentlich so richtige Problemfälle. Sachen, die wo die vorige Bedienung halt gemacht hat, die aber im Grunde unmöglich waren, ohne daß du die anderen Gäste vernachlässigen mußt. Sachen, die wir auch nicht machen wollten. Zum Beispiel wollten die im größten Trubel die ausgefallensten Kleinigkeiten aus der Küche. Das heißt für uns, daß du mindestens eine Stunde aus deinem Service weg bist, damit der ander' seinen Käsehappen bekommt. Derweil schreien 50 Gäste nach Bier und 20 nach Hendln. Oder sie wollten unbedingt von uns die Brezn haben, weil sie zu ungeduldig waren, um auf das Breznmadl zu warten. Auch wenn wir es ihnen hingeschickt haben. Da haben wir dann ganz klar die Grenzen gezogen. Wir haben denen gesagt, daß wir anders arbeiten als unsere Vorgängerin. Weil das eben nicht geht. Das und jenes können wir machen, und das andere eben nicht. Entweder sie akzeptieren uns, oder sie tun es nicht. Mit denen haben wir uns richtig gestritten. Aber heuer sind sie wiedergekommen, zweimal die Woche, und es war gut. Das haben die dann akzeptiert und dann hat es gepaßt. Bei diesen Sachen geht es nicht einmal um den Verdienst, den man macht. Das ist mir ziemlich wurscht, ob ich an einer Sache ein Fuchz'gerl verdiene oder ein Markl. Es geht darum, daß ich alle Gäste gleich gut bedienen möchte. Und da kann ich nicht einem Gast alles hinterhertragen, ohne zehn andere Gäste zu vernachlässigen. Außerdem, wenn einer im größten Trubel seine Käseplatte will, dann sag' ich ihm, er soll eine halbe Stunde warten, dann muß ich eh in die Küche, dann rentiert sich das und ich kann einen günstigen Zeitpunkt wählen. Dann bekommt er seinen Kas, ich hab' keinen Streß und jeder hat seine Maß. Dann sind alle zufrieden.

Manche Leut' mögen ja gar kein Trinkgeld hergeben. Ich hab' einmal einen Gast gehabt, der hat fünf Biermarken gehabt und auch fünf Maß getrunken. Und jedesmal hat er mir das fällige Bedienungsgeld von rechnerisch einer Mark und einem Pfennig akkurat bezahlt. Mit einem Markstück und einem Pfennig. Als er dann gegangen ist hab' ich ihm zwei Mark hingelegt und mich bedankt, daß er da war.

Manchmal kann man vorher gar nicht sagen, ob Gäste nett sind oder nicht. Da denkt man sich erst: »Mei, hab' ich aber nette Gäst' heut'« und mit jeder Maß mehr werden die unverschämter. Wenn sie dann vier oder fünf davon drin' haben, dann geht die Gaudi erst richtig los. Da kann es dann sein, daß die vollkommen unmöglich werden, mit dem Bier rumschütten und zum Grapschen anfangen, die anderen Gäste anpöbeln und mit'm Sach' umernand schmeißen. Wie wenn's ganz andere Leut' wären. Die lassen dann alle Hemmungen fallen und die Sau raus, weil s' meinen, auf der Wiesn kann man das machen.

Das hängt meiner Meinung nach auch mit der Musik zusammen. Die peitscht das Ganze noch ordentlich an. Das muß man mal erlebt haben, wie die Stimmung plötzlich auflebt, wenn am Vormittag die Kapelle zum Spielen anfängt. Das ist ein Juchhe im ganzen Zelt. Und wenn dann natürlich die Leut' alle besoffen sind, und wenn sie schon alle auf den aktuellen Wiesnhit warten, dann kann man sich vorstellen, was los ist, wenn die Musi' erst ein Prosit spielt und dann voll loslegt mit Makarena oder was weiß ich alles. Das ist der totale Exzeß, der dann ausbricht. Ich glaub', das war früher anders, als sie noch Humptata und so weiter gespielt haben.

Es passiert auch oft, daß Leute, die wo zu zweit an einem Tisch sitzen, niemanden sonst mehr hinsetzen lassen wollen. Derweil passen aber an einen Tisch mindestens zehn Leut'. Die sagen halt dann, sie warten noch auf wen, und das sagen die zwei, drei Stunden lang. Da mußt du dann bitteschön sagen, daß die noch jemanden dazusitzen lassen, damit die auch eine Maß kaufen können. Manche Leut' wollen ja gar nicht ewig sitzenbleiben, die wollen eine Maß trinken und dann weiterschauen. Aber meinst d', die anderen würden so jemanden für eine Maß hinsetzen lassen, obwohl die genau wissen, daß ihre eigenen Leut' erst in einer Stunde kommen? Vergiß es. Und das sind dann die gleichen Leute, die schimpfen, daß sie nirgendwo einen Platz bekommen.

Mit den lustigen oder den schlimmen Dingen, die auf der Wiesn so passieren, ist das sehr eigenartig. Du vergißt sie oder verdrängst sie, schon während sie passieren. Kaum ist das eine vorgefallen, ist schon wieder etwas anderes los. Du sitzt am Abend in der S-Bahn und denkst dir: »Mein Gott, war das ein Scheißtag.« Aber eigentlich weißt du gar nicht mehr warum. Und mit den lustigen Dingen ist es so wie mit Witzen: Du lachst dich kaputt, kannst dich aber fünf Minuten später nicht mehr daran erinnern. Für mich ist es am lustigsten, am griabigsten, wenn meine Bekannten kommen. Da haben wir dann eine Gaudi und schön ist es. Den Rest, den vergißt du. Wenn ich so d'rüber nachdenk', freu' ich mich schon wieder auf die nächste Wiesn.

Trotzdem, die wirklich schlimmen Sachen merkt man sich schon. Brutale Geschichten zum Teil. Wenn es wieder eine Schlägerei 'geben hat und die Verletzten und alles. Das find' ich das Schlimmste an der Wiesn, daß sich die Leut' immer prügeln müssen. Es passiert soviel Unheil auf der Welt. Da versteh' ich das nicht, daß auf einem Volksfest dann so eine Art Kleinkrieg ausbricht. Anstatt daß die Leut' sich freuen, daß man zusammen feiert, hauen sie sich gegenseitig den Schädel ein. Freilich, das hängt mit dem Bier zusammen. Und da denk' ich mir, daß ich es ja bin, die das Bier bringt. Also bin ich ja auch mit schuld daran, wenn sie sich prügeln. Aber andererseits denk' ich mir, es sind alles erwachsene Menschen. Die müssen doch selber wissen, was sie tun. Oft seh' ich schon einen, da merkt man gleich, daß er zuviel hat. Da sag' ich dann vielleicht: »Geh' weider, hast' doch eh scho' gnua. Geh' doch hoam.« Aber, wenn ich als Bedienung so etwas sag', da ist dann überhaupt kein Verständnis dafür da. Von wegen, was ich überhaupt möcht'. Ich soll g'fälligst eine Maß herbringen. Ich geb' ihm dann auch noch eine, mit Widerwillen, bevor er mir zum Randalieren anfängt. Aber wenn dann was passieren sollte, dann fühl ich mich schon mitverantwortlich. Was soll man da machen? Wie man es macht, ist es verkehrt.

Schockierend find' ich auch die Müllberge, die an einem Tag entstehen. Die Putzkolonnen brauchen da Stunden, um sich durchzuwühlen. Das möcht' man nicht für möglich halten, was der Mensch für eine Sauerei anrichten kann. Da speibt einer hin, dort hat ein anderer hinbieselt, pfui deifi. Das mußt du dir alles anschauen. Wenn du als einer der letzten gehst und dir das Zelt anschaust, wenn dann auch die Lichter langsam ausgehen und nur noch der Dreck über ist, das ist brutal. Diese Mengen an Abfall. Und in der Früh' kommst wieder in das Zelt und alles ist sauber.

Einmal waren drei Japaner in meinem Service. Ganz liebe waren das, sehr freundlich alle miteinander. Einen Haufen Fotos haben s' g'macht und gerade schön war es. Auf alle Fälle hatten die dann ihr Maßerl getrunken und waren alle drei total erledigt. Ganz friedlich sind sie dann am Tisch eingeschlafen. Meine Freundin sagt zu mir: »Mei, was mach' ma denn mit dene?« Aber ich sag' ihr, sie soll sie bloß schlafen lassen, die sind grad' so glücklich. Nach einer Stunde haben wir sie dann aber doch aufgeweckt und die waren immer noch glücklich, haben sich tausendmal bedankt und sind dann fröhlich lächelnd hinausgewankt.

Ja, dann haben wir bei uns auch noch den »warmen« Sonntag, da sind die Homosexuellen da. Da geht's auch ein jedes Jahr mehr zu. Aber das sind wirklich ausgesprochen angenehme Gäste. Einfach liebenswert, da gibt's überhaupt nichts. Die helfen dir auch einmal oder bahnen dir einen Weg durch das Zelt. Die sind wirklich lieb, da gibts keinen Ärger. Das ist immer ein Supertag, wenn die da sind. Eine Gaudi machen die, besonders wenn man einen Draht zu ihnen hat. Das merken die auch. Die gehen dann auch gleich anders mit dir um. Weil da hat nicht jeder Verständnis dafür. Und es kommen auch brutal viele Schaulustige, das glaubt man gar nicht. Die kommen extra, um sich das anzuschauen. Also wirklich, die kommen daher, sagen: »Mir blei'm ned lang, mir woima bloß de Homos oschaugn.« Unmöglich. Da muß man schon sagen: »Arme Hund san's scho.« Wobei natürlich schon ein paar schillernde Persönlichkeiten darunter sind, richtig sehenswert.

Ja, und die Sado-Maso-Szene bevölkert den Balkon. Da geht's auch rund. Sagen wir mal so, extrem halt. Aber den ganzen Tag keine Schlägerei. Obwohl das Zelt gerammelt voll ist. Das sind ganz andere Gäste. Da sind auch sehr viele Junge mit dabei, die ganz offen damit umgehen.

Also ich mach mit der Wiesn weiter, sowieso, solang wie's geht. Da kannst schon alt werden, auf der Wiesn.

[1998]

Fabienne Pakleppa
Jagdszenen aus Oberbayern oder Hopfen und Malz, Gott erhalt's

Die München-Reiseführer sind allesamt schlecht. Kein einziger erwähnt auch nur im Nebensatz, daß die unerschrokkene Frau nirgends auf der Welt eine größere, eine bessere Auswahl an brünstigen Männern findet. Einmal im Jahr, und das zwei Wochen lang, bieten sich in dieser Stadt auf der Theresienwiese täglich bis zu 300 000 Exemplare dieser besonderen Spezies an, und viele verdeutlichen noch ihre Paarungsabsichten, indem sie sich ein Lebkuchenherz mit der Aufschrift »willig« umhängen. Die Herren sind auf engstem Raum versammelt, die meisten von ihnen im fortgeschrittenen Zustand der Bierseligkeit, so daß die Dame ein scharfes Auge braucht, um die Spreu vom Weizen zu trennen, doch wenn sie sich geschickt anstellt, wird sie bald fündig. Vorausgesetzt, sie bringt eine gewisse Trinkfestigkeit mit, ist einigermaßen robust und weiß, was sie will.

Das Angebot ist mannigfaltig und für die Anfängerin ein wenig verwirrend. Auf dem größten Balzplatz der Welt tummeln sich nicht nur bayerische Eingeborene und sonstige Germanen, sondern auch eine erstaunliche Palette an Nationalitäten, so daß Frauen mühelos ihre ethnologischen Kenntnisse erweitern und vertiefen können. Das ist ein heißer Tip unter Studentinnen, denn die privaten Feldstudien lassen sich hervorragend in einer Seminararbeit über die Liebesrituale verschiedener Völker einbauen. Besonders reichlich vertreten und dankbare Forschungsobjekte sind Neuseeländer, Australier, Amerikaner, Italiener und Schotten – von diesen treten nur wenige mit Dudelsäcken auf, doch fast alle heben gern den karierten Rock, um ihr nacktes Gemächt vorzuführen. Man braucht sie gar nicht darum zu bitten, sie tun es ungefragt und wehren sich nicht, falls eine weibliche Hand die Qualität des Gliedes prüfen möchte.

Es sind übrigens bei weitem nicht die einzigen, die dort ihre Intimteile zur Schau stellen. Je später der Abend, desto hemmungsloser wird der Mann, und sogar verklemmte Buchhalternaturen steigen auf die Tische, um die Hosen runterzulassen. Leider ist ein ausgedehntes Betrachten von Schwänzen und nackten Hintern kaum möglich, denn sofort eilt das strenge Wachpersonal herbei, um die interessanten Darbietungen zu unterbrechen, aber ein Blick auf die Ordungshüter lohnt sich, es sind durch und durch gutgebaute junge Kerle, oft mit südlichem Einschlag, einige davon sehr attraktiv und einem kleinen Flirt nicht abgeneigt. Bedauerlicherweise sind sie im Dienst, sie müssen pausenlos Raufbolde trennen und haben keine Zeit für längere Unterhaltung, aber zwischendurch geben die Muskelmänner gern ihre Adressen mit einem Hinweis auf ihren immer bereiten Gummiknüppel oder auf den besonders langen Prügelstock.

Auch im Freien werden unzählige männliche Geschlechtsteile vorgeführt, beim sogenannten »Wildbieseln« und vor den Pissoirs, entweder wenn der Blasendruck so groß ist, daß der Mann sich schon auf dem Weg dorthin entblößt oder nach der Erleichterung, wenn er vergißt, sein bestes Teil wieder einzupacken. Allerdings ist die erotische Wirkung eines nacktem Penis vor, während oder nach dem Pissen vergleichsweise gering, das ist zumindest unsere Meinung.

Ungeachtet dieser kleinen Einschränkung ist die Wies'n

für Frauen auf der Pirsch das reinste Paradies. Wer das ganze Jahr hindurch unter mangelnder männlicher Aufmerksamkeit leidet, wer sich zu alt, zu dick oder zu häßlich wähnt, kann sein Selbstbewußtsein in Nullkommanichts auf Vorderfrau bringen. Es geschieht ununterbrochen, daß ein schnuckliger Dreißigjähriger im Vollsuff eine siebzigjährige Oma anmacht und sie zu einer Maß einlädt. Wenn sie sich nicht ziert, sitzt sie bald auf seinem Schoß, wird ausgiebig geküßt und befummelt, kriegt hundertprozentig eine oder mehrere Rosen geschenkt. Enorm gefragt sind dort füllige bis Doppelzentner schwere Damen: Die Machos, die sonst auf die geklonten Bohnenstangen stehen, die mit ihren Silikontitten die Herrenmagazine füllen, schmelzen augenblicklich dahin vor echten, üppigen bis enormen Brüsten, die aus dem Dirndl-Dekolleté quellen, im Volksmund heißen die Dinger Gaudinockerl.

Bei einem unserer Wies'nstreifzüge saßen wir zufällig neben einem in München prominenten Künstler, dessen Namen wir aus Diskretion nicht verraten möchten, dieser Mann, der hohe ästhetische Ansprüche hat und selber sehr gutaussehend ist, liebkoste den Bauch einer stark übergewichtigen Schönen, dabei lobte er mit verliebter Stimme ihre »köstlichen Schwarten«. Für die Dame war diese Art der Bestätigung schlicht und ergreifend so wohltuend, daß sie sich zu Oktoberfestzeiten ausschließlich von Schweinshaxen und Bier ernährte, ohne den geringsten Anflug von schlechtem Gewissen zu haben, nach diesen beglückenden zwei Wochen hielt sie streng Diät und ging täglich ins Fitness-Studio, um sich die fünf bis sieben Kilo, die sie selig zugenommen hatte, wieder vom Leib zu schinden.

Frauen, die unter chronischem Geldmangel leiden und

jeden Pfennig umdrehen müssen, können auf der Festwiese ihre Finanzlage schlagartig verbessern. Nach unseren Erfahrungen brauchen sie bloß das nötige Kleingeld für den ersten Toilettenbesuch einzustecken, das kostet zwischen 60 Pfennig und einer Mark. Speise, Trank und alle weiteren Pipigänge werden großzügig von den Herren spendiert, und, das möchten wir betonen, das verpflichtet zu rein gar nichts. Wird ein Verehrer unangenehm aufdringlich, geht man einfach ein paar Tische weiter und trifft schon unterwegs mehr als genug spendable Typen, allesamt in bester Casanova-Verfassung. Gefährlich sind all die wollustigen Kerle nicht, sogar extrem zierliche Mädchen brauchen überhaupt keine Angst vor ihnen zu haben. Der Konsum von größeren Mengen Bier entfesselt zwar die Urtriebe des Mannes, so daß er eine erstaunliche Lüsternheit entwickelt und gern den großen Sexprotz markiert, aber aggressiv wird er nur zu seinen Geschlechtsgenossen. Frauen hält er allesamt für Freiwild, das erobert werden muß, doch nicht erschlagen werden darf.

Wir haben eine erprobte Methode, um lästige Anmacher loszuwerden: Wir zeigen auf irgendeinen schrankartigen Kerl und sagen: Oh, da kommt gerade mein Freund, und er ist furchtbar eifersüchtig. Entweder gibt es eine kleine Schlägerei, die uns ermöglicht, diskret in der Menge unterzutauchen, oder der geile Bock entpuppt sich plötzlich als Schlappschwanz und sucht selber schnellstens das Weite.

Nebenbei bemerkt, der Bierkonsum ist der Potenz abträglich. Die Enttäuschung ist vorprogrammiert. Ein stolzer Brunfthirsch mag zwar weibliche Begierde erwecken, aber im Bett verwandelt er sich bestensfalls in ein süßes, gefühlsdusseliges Bambi. Erotische Heldentaten sind frühestens am nächsten Morgen zu erwarten, wenn überhaupt. Schlimmstensfalls kotzt sich der arme Mann die Seele aus dem Leibe und wird für ein paar Stunden zum Pflegefall. Wenn die Verliebtheit diesen Härtetest besteht, sieht die Zukunft nicht schlecht aus.

Zurück zu den Finanzen. Frauen können nicht nur zwei Wochen beinahe kostenfrei genießen, sondern langfristig vorsorgen. Man muß wissen, daß die Firmen ihre Angestellten und Großkunden aufs Oktoberfest einladen, so sind in den Boxen der verschiedenen Zelte alle Branchen der Wirtschaft vertreten, vom gehobenen Management bis zum kleinen Angestellten. Die Schickeria betrinkt sich mit Vorliebe im Käferzelt oder im Hippodrom, die Bürgerlichen überall. Kluge Frauen kommen früh, sie schauen sich den Aushang der Boxenbelegung Zelt für Zelt sorgfältig durch und suchen sich so das geeignete Jagdrevier aus, um einen betuchten Liebhaber oder wenigstens einen Ehemann zu finden. Aber auch als Arbeitsmarkt ist die Wies'n prima. Weibliche Arbeitswillige bewerben sich persönlich mit offenem Dekolleté beim Personalchef ihrer Wahl, wenn er einiges intus hat, fragt er gewiß nicht nach Zeugnissen. Und Aufsteigerinnen, die mehr Connections in die oberen Etagen brauchen, peilen zielstrebig die richtige Box an, stoßen mit jedem an und sammeln fleißig Visitenkarten. Ein paar Tage später rufen sie an, erinnern an den Superabend und gehen danach zum geschäftlichen Teil über. Die Erfolgsquote ist sehr hoch. Ein Topmanager, mit dem man gemeinsam »Who the fuck is Alice« gesungen oder gar gebrüllt hat, wird niemals zugeben, daß er an Gedächtnisschwund leidet, und die Mitsäuferin mindestens zum Lunch einladen.

Doch Vorsicht! Bis zur zweiten Maß läßt sich der kleine

Angestellte noch von seinem Chef unterscheiden, danach wird's schwierig, denn beide lassen die Sau raus und balzen wie Zwillingsbrüder um die Wette. Mit weiblicher Intuition kommt man da nicht weit, und die Kleidung der Beute gibt kaum Auskunft über ihren Gesellschaftsstand, ihr Bankkonto oder ihre politischen Ansichten. Vom Geschäftsführer zum Hausmeister, vom Fernsehmoderator zum Doktor toben sich neuerdings über die Hälfte der verfügbaren Herren in modischen Trachten aus: weißen Rüschenhemden, die mehr oder weniger behaarte Brust zeigen, Lederhosen und einer derben Fußbekleidung, die man »Haferlschuh« nennt. Dazwischen ein Stück Wade. Diesen sonderbaren Dreßcode führen wir darauf zurück, daß man von jeher den Frauen eine Schwäche für fesche Uniformen nachsagt, und es gibt tatsächlich welche, die darauf stehen.

Als wir einmal eine befreundete Preußin begleiteten, die sich zum ersten Mal auf die Wies'n wagte, sahen wir besorgt zu, wie sich die ansonsten eher schüchterne Dame zunehmend für die vielen appetitlichen männlichen Waden begeisterte. Sie verlor jede Zurückhaltung, näherte sich mit gierigen Blicken und kicherte dabei ununterbrochen. Am Schluß erfüllten sich unsere schlimmsten Befürchtungen: Als ein prächtiges Mannsbild sein wohlgeformtes Unterbein auf den Tisch legte, biß sie einfach mit voller Kraft hinein. Die Fleischwunde mußte ärztlich versorgt werden, doch ihr kleiner kannibalischer Anfall hatte glückliche Folgen. Heute ist sie mit dem Herrn verheiratet.

Wer bloß einen großzügigen Liebhaber möchte, erkundigt sich vorsichtshalber bei den Kollegen. Aber schlaue Mädchen nehmen nicht jede Information für bare Münze, sie wissen, daß auf der Wies'n jeder zweite wie gedruckt lügt, wenn es darum geht, eine Frau herumzukriegen. Um den realen Marktwert der Beute zu eruieren achten sie auf Details wie eine echte Rolex am Handgelenk oder einen BMW-Wagenschlüssel, und erst wenn sie sich sicher sind, unter all den Hähnen den Goldgockel entdeckt zu haben, knutschen sie los.

Böse Mädchen lassen sich dabei fotografieren und benutzen die romantische Erinnerung später für eine kleine Erpressung, falls der Herr einmal wieder nüchtern keine Lust mehr aufs Gerupftwerden haben sollte. Für biedere Ehemänner, die sich unter Alkoholeinfluß für Don Juan höchst persönlich halten, ist ein Wies'n-Besuch oft folgenschwer, aber offensichtlich macht es ihnen so viel Spaß, weiblichen Wesen an die Wäsche zu gehen, daß sie es nicht lassen können, also haben wir mit ihnen kein Mitleid, auch wenn wir diese Praxis etwas schäbig finden.

Verarmten Abenteuerinnen, die einmal in ihrem Leben eine Weltreise unternehmen möchten, aber mit äußerster Mühe das Fluggeld zusammenkratzen können, raten wir unbedingt zu einem ausgiebigen Besuch im Hofbräuzelt. Mit Stift und Papier bewaffnet, mit ein paar Brocken Englisch, mit ein paar harmlosen Küssen können sie sich innerhalb weniger Stunden Einladungen in drei Dutzend Länder besorgen, auf diese Weise locker ein ganzes Jahr sehr preiswert von Macho zu Macho durch die Welt reisen und rechtzeitig zum nächsten Oktoberfest zurückkommen. Es sei denn, sie finden irgendwo in der Pampa ihren Herzbuben und bleiben bei ihm hängen, dann hat sich's auch gelohnt.

Wir aber sind bei der nächsten Wies'n-Saison hunderprozentig wieder dabei. In alter Frische. [2000]

Thomas Meinecke
Diesel Oktoberfest

Dauernd auf der Autobahn
sechzehn Tonnen hintendran
unter der Haube ein Vulkan

Ingolstadt nach Paderborn
die Stoßstange schreit immer: Vorn
Jericho, des Fahrers Wunderhorn

Feine Leute sind das hier
trinken Wein statt Spaten-Bier
der Spediteur und sein Geschmier

Morgen wird er aufgehängt
Dieselöl mit Blut vermengt
Morgen früh wird er aufgehängt

Laila heißt mein Funkkontakt
Ist der Lastzug abgeparkt
wird schon ihr Reißverschluß geknackt

Von Lindau bis zum Fehmarnsund
kennt man mich als Schäferhund
Asphalt heißt der Liebe Untergrund

In der Prominentenbox
frißt gegrilltes Fleisch vom Ochs
der Spediteur und sein Gesocks

Morgen wird er aufgehängt
Dieselöl mit Blut vermengt
Morgen früh wird er aufgehängt

Auf Laila folgt die Loreley
am Schmutzlappen die Polizei
Schnappt sich mein Rasthofnackedei

Klassenkampf, Geschlechtsverkehr
gaben einst ein Pärchen her
wirkungsvoller als ein spitzer Speer

Wer trinkt seinen Scotch mit Eis
lechzt nach jeder Stöckelgeiß
der Spediteur und sein Geschmeiß

Morgen wird er aufgehängt
Dieselöl mit Blut vermengt
Morgen früh wird er aufgehängt

[2006]

Literatur- und Quellenverzeichnis

Achternbusch, Herbert (*1938)
Zigarettenverkäufer, S. 196. Aus: Herbert Achternbusch, Hülle. © Suhrkamp Verlag, Frankfurt am Main 1969.

Anonym
Oktoberfest 1835, S. 41. Quelle unbekannt.

Anonym
Das Oktoberfest 1872, S. 50. Aus: Allgemeine Familienzeitung, Nr. 6, Jahrgang 1872.

Baumgartner, Anton
Oktoberfest 1823, S. 22. Aus: Anton Baumgartner, Die Oktober-Feste auf der Theresienwiese bey München von 1820-1823. München, 1823.

Britting, Georg (1881-1968)
Oktoberfest, S. 114. Aus: Georg Britting, Sämtliche Werke. Band 1. Herausgegeben von Walter Schmitz. Süddeutscher Verlag, München 1987. © Georg-Britting-Stiftung.

Schnee überm Oktoberfest, S. 135. Aus: Georg Britting, Sämtliche Werke. Band 13: Anfang und Ende. Herausgegeben von Ingeborg Schuldt- Britting. Georg-Britting-Stiftung, Höhenmoos 2008. © Georg-Britting-Stiftung.

Flügel, Rolf (1897-1982)
Wies'n-Impressionen Anno 1947, S. 168. Aus: 150 Jahre Münchner Oktoberfest 1810-1960. Zusammengestellt von Ernst Hoferichter und Heinz Strobl. Münchner Zeitungsverlag, München 1960.

Gaisberg, Ludwig von (1794-1862)
Reise zum Münchner Oktoberfest 1835, S. 27. Aus: Ludwig von Gaisberg, Reise zum Münchner Oktoberfest. Herausgegeben von Paul Ernst Rattelmüller. Heinrich Hugendubel Verlag, München 1979.

Gernhardt, Robert (1937-2006)
Oktoberfest, S. 222. Aus: Robert Gernhardt, Weiche Ziele. Gedichte 1984-1994. © S. Fischer Verlag GmbH, Frankfurt am Main 2005.

Graf, Oskar Maria (1894-1967)
Die wunderbare Isis, S. 61. Aus: Oskar Maria Graf, Autobiographische Schriften. © 1994 List Verlag in der Ullstein Buchverlage GmbH, Berlin.

Hartung, Hugo (1902-1972)
Sulamith, das blaue Weib, S. 106. Aus: Hugo Hartung, Wir Wunderkinder. Droste Verlag, Düsseldorf 1957. © Bergstadtverlag, Freiburg.

Hebbel, Friedrich (1813-1863)
Oktoberfest, S. 41. Aus: Friedrich Hebbels sämtliche Werke in 12 Bänden. Hoffmann & Campe Verlag, Hamburg 1867.

Hief-Schmal, Claudia (* 1969)
Da kannst schon alt werden, auf der Wiesn, S. 223. Aus: Ellabognoarbadn. Ellenbogenarbeiten. Wiesenbedienungen erzählen. Abgehört und aufgeschrieben von Bernhard Schulz. © Buchendorfer Verlag, München 1998.

Hoferichter, Ernst (1895-1966)
Erst wurde ich öffentlich geköpft und dann eingesperrt, S. 54. Aus: Ernst Hoferichter, Vom Prinzregenten bis Karl Valentin. Altmünchner Erinnerungen. BLV, München 1966.

Die Hinrichtung, S. 120. Aus: Das Bayerland, 40. Jahrgang 1929. W. Ludwig Verlag, Pfaffenhofen 1929.

Die Straße der Abnormitäten, S. 185. Aus: Ernst Hoferichter, Bayerischer Jahrmarkt. Ehrenwirth Verlag, München 1959.

Der Abdruck dieser Texte erfolgt mit freundlicher Genehmigung.

Horváth, Ödön von (1901-1938)
Wiesenbraut und Achterbahn, S. 141. Aus: Ödon von Horváth, Gesammelte Werke. Band 2. © Suhrkamp Verlag Frankfurt am Main.

Kammerer, Ernst (gest. 1941)
Die Hinrichtung einer lebenden Person, S. 142. Aus: Ernst Kammerer, Alltag bis Zwetschgendatschi. Ein heiteres Lexikon von A-Z. © Süddeutscher Verlag, München 1962.

Kirst, Hans Hellmut (1914-1989)
Festwiesenlichter, S. 207. Aus: Hans Hellmut Kirst, Verfolgt vom Schicksal. Bertelsmann Verlag, München 1971.

Kisch, Egon Erwin (1885-1948)
Über die Dramaturgie des Flohtheaters, S. 96. Aus: Egon Erwin Kisch, Die Abenteuer in Prag. Ed. Strache, Wien/Prag/Leipzig 1920. © Aufbau Verlagsgruppe GmbH, Berlin 2000.

Koeppen, Wolfgang (1906-1996)
…, S. 175. Aus: Wolfgang Koeppen, Gesammelte Werke. Band 5. © Suhrkamp Verlag Frankfurt am Main 1986.

Kreis, Julius (1891-1933)
Oktoberfest-Bilderbogen, S. 126. Aus: Das Bayerland, 40. Jahrgang, 1929. W. Ludwig Verlag, Pfaffenhofen 1929.

Lutz, Josef Maria (1893-1972)
Der Ochse August, S. 166. Aus: 150 Jahre Münchner Oktoberfest 1810-1960. Zusammengestellt von Ernst Hoferichter und Heinz Strobl. Münchner Zeitungsverlag, München 1960.

Meinecke, Thomas (*1955)
Diesel Oktoberfest, S. 242. Aus: Thomas Meinecke, Lob der Kybernetik. Songtexte 1980-2007. © Suhrkamp Verlag Frankfurt am Main 2007.

Mendelssohn-Bartholdy, Felix (1809-1847)
Briefe an seine Familie, S. 25. Aus: Felix Mendelssohn-Bartholdy, Briefe aus den Jahren 1830-1847. Hermann Mendelssohn Verlag, Leipzig 1870.

Neumeister, Andreas (*1959)
Salz im Blut, S. 216. Aus: Andreas Neumeister, Salz im Blut. © Suhrkamp Verlag Frankfurt am Main 1990.

Ostini, Fritz von (1861-1927)
Oktoberfest, S. 76. Aus: Ernst von Destouches, Das Münchener Oktoberfest 1818-1910. J. Linderschauersche Buchhandlung, München 1910.

Pakleppa, Fabienne (*1950)
Jagdszenen aus Oberbayern oder Hopfen und Malz, Gott erhalt's, S. 234. Aus: Der Macho-Guide. Herausgegeben von Petra Neumann. Verlag Hoffmann und Campe, Hamburg 2000. © Fabienne Pakleppa.

Polt, Gerhard (*1942)
Kleine Wiesnkunde, S. 213. Aus: Gerhard Polt, Circus Maximus. In: Gesammelte Werke. © Verlag Kein & Aber, Zürich 2002.

Rauchenegger, Benno (1843-1910)
Oktoberfestsonntag anno 51, S. 43. Aus: Ernst von Destouches, Das Münchener Oktoberfest 1818-1910. J. Linderschauersche Buchhandlung, München 1910.

Retzer, Wugg (1905-1984)
Ein Lebehoch der Wies'nkellnerin, S. 184. Aus: 150 Jahre Münchner Oktoberfest 1810-1960. Zusammengestellt von Ernst Hoferichter und Heinz Strobl. Münchner Zeitungsverlag, München 1960.

Rilke, Rainer Maria (1875-1926)
Jahrmarkt, S. 52. Aus: Rainer Maria Rilke, Sämtliche Werke. Band 3. © Insel Verlag Wiesbaden 1959.

Ringelnatz, Joachim (1883-1934)
Die Riesendame der Oktoberwiese, S. 117; Schneiderhüpfl vor dem Ochsen am Spieß, S. 119. Aus: Joachim Ringelnatz, Und auf einmal steht es neben dir. Gesammelte Gedichte. Karl H. Henssel Verlag, Berlin 1964.

Roth, Eugen (1895-1976)
Oktoberfest, S. 190. Aus: Eugen Roth, Das Eugen-Roth-Buch. Carl Hanser Verlag, München 1966.

Ruederer, Josef (1861-1915)
Die goldene Dose, S. 14. Aus: Ernst von Destouches, Das Münchener Oktoberfest 1818-1910. J. Linderschauersche Buchhandlung, München 1910.

Sailer, Josef Benno (1866-1933)
Der Gewinst, S. 79. Aus: Ernst von Destouches, Das Münchener Oktoberfest 1818-1910. J. Linderschauersche Buchhandlung, München 1910.

Schneider, Herbert (* 1922)
Die große Menschenschau, S. 208. Aus: Herbert Schneider, Bairisches Federspiel. Verse und Prosa. W. Ludwig Verlag, Pfaffenhofen 1971.

Sommer, Siegfried (1914-1996)
Blasius geht auf die Wies'n, S. 173. Aus: Siegfried Sommer, Das Beste von Blasius. Spaziergänge 1949-1952. © Süddeutscher Verlag, München 1953.

Strobl, Heinz Hermann
Aus den Trümmern steigt ein Fest, S. 176. Aus: 150 Jahre Münchner Oktoberfest 1810-1960. Zusammengestellt von Ernst Hoferichter und Heinz Strobl. Münchner Zeitungsverlag, München 1960.

Thoma, Ludwig (1867-1921)
Oktoberfest 100 Jahre, S. 84. Aus: Ludwig Thoma, Gesammelte Werke. Band 6. Piper Verlag, München.

Jozef Filsers Briefwechsel, S. 85. Aus: Jozef Filsers Briefwechsel. Piper Verlag, München 1968.

Valentin, Karl (1882-1948)
Beim Tiefsee-Taucher, S. 90; Oktoberfest 1927, S. 114. Aus: Karl Va-

lentin, Gesammelte Werke in einem Band. © 1985 Piper Verlag GmbH, München.

Wolfe, Thomas (1900-1938)
Auf der Wies'n, S. 149. Aus: Thomas Wolfe, Geweb und Fels. Roman. Ins Deutsche übertragen von Susanna Rademacher. Rowohlt Verlag, Hamburg 1953.

Die Rechtschreibung der aufgenommenen Texte wurde jeweils beibehalten.

Bildnachweise

Angelika Dacqmine, Berlin: 4, 20, 160, 177
Peter Maigler, München: 44, 73, 144, 200, 241
Heinz Schoeffmann, München: 101, 212
Umschlag: picture-alliance/dpa

»Das Leben lieben«

Anthologien
im insel taschenbuch

Glück. Erkundigungen, eingeholt von Gottfried Honnefelder. it 1459. 377 Seiten

Einsamkeiten. Ein Lesebuch. Herausgegeben von Ilma Rakusa. it 1691. 230 Seiten

Gedanken zur Nacht. Ausgewählt von Rainer Weiss. it 2737. 176 Seiten

Das Leben lieben. Ausgewählt von Rainer Weiss. it 2634. 176 Seiten

Orte der Seele. Gedanken über das Jenseits. Herausgegeben von Hans-Joachim Simm. it 2238. 327 Seiten

Vom Abschied. Eine Gedichtsammlung. Herausgegeben von Margot Litten. it 694. 177 Seiten

Über die Freundschaft. Herausgegeben von Hans-Ulrich Müller-Schwefe. it 1783. 227 Seiten

Vom Geheimnis der alltäglichen Dinge. Gedanken, Betrachtungen und Erfahrungen. Herausgegeben von Johannes Werner. it 2172. 193 Seiten

Vom Mitleid. Die heilende Kraft. Herausgegeben von Ulrich Kronauer. it 2503. 208 Seiten

Von der Gelassenheit. Texte zum Nachdenken. Herausgegeben von Hans-Joachim Simm. it 2105. 170 Seiten

NF 18/1/5.02

Von der Versöhnung. Texte zum Nachdenken. Ausgewählt von Hans-Joachim Simm. it 2779. 160 Seiten

Von der Würde des Menschen. Ausgewählt von Hans-Joachim Simm. it 2545. 151 Seiten

Was also ist die Zeit? Erfahrungen der Zeit, gesammelt von Gottfried Honnefelder. it 1774. 284 Seiten

NF 18/2/5.02

Literarische Reisebegleiter im insel taschenbuch Eine Auswahl

Städte

Athen. Literarische Spaziergänge. Herausgegeben von Paul Ludwig Völzing. Mit farbigen Fotografien. it 2505. 336 Seiten

Bayreuth. Ein literarisches Porträt. Herausgegeben von Frank Piontek und Joachim Schultz. Mit zahlreichen Abbildungen. it 1830. 208 Seiten

Mit Brecht durch Berlin. Ein literarischer Reiseführer. Von Michael Bienert. Mit zahlreichen Fotografien. it 2169. 271 Seiten

Literarischer Führer Berlin. Von Fred Oberhauser und Nicole Henneberg. Mit zahlreichen Abbildungen, Karten und Registern. it 2177. 517 Seiten

Bremen. Literarische Spaziergänge. Von Johann-Günther König. Mit farbigen Fotografien. it 2621. 272 Seiten

Budapest. Ein literarisches Porträt. Herausgegeben von Wilhelm Droste, Susanne Scherrer und Kristin Schwamm. Mit zahlreichen Fotografien. it 1801. 283 Seiten

Chicago. Porträt einer Stadt. Herausgegeben von Johann Norbert Schmidt und Hans Peter Rodenberg. Mit farbigen Fotografien. it 3032. 330 Seiten

NF 31k/1/3.05

Dresden. Ein Reisebuch. Herausgegeben von Katrin Nitzschke unter Mitarbeit von Reinhardt Eigenwill. Mit zahlreichen Abbildungen. it 1365. 294 Seiten

Dublin. Ein Reisebegleiter. Von Hans-Christian Oeser. Mit farbigen Fotografien. it 3114. 220 Seiten

Frankfurt. Acht literarische Spaziergänge. Von Siegfried Diehl. Mit farbigen Fotografien. it 2197. 190 Seiten

Mein Frankfurt. Von Martin Mosebach. Ausgewählt und mit einem Nachwort von Rainer Weiss. Mit Fotografien von Barbara Klemm. it 2871. 176 Seiten

Granada. Ein literarisches Porträt. Herausgegeben von Nina Koidl. Mit farbigen Fotografien. it 2635. 243 Seiten

Hamburg. Ein Städte-Lesebuch. Herausgegeben von Eckhart Kleßmann. Mit zahlreichen Abbildungen. it 1312. 305 Seiten

Heidelberg-Lesebuch. Stadt-Bilder von 1800 bis heute. Herausgegeben von Michael Buselmeier. it 913. 385 Seiten

Istanbul. Ein Reisebegleiter. Von Barbara Yurtdas. Mit farbigen Fotografien. it 3026. 313 Seiten

Der Kölner Dom. Ein literarischer Führer. Herausgegeben von Markus Klein. Mit zahlreichen Abbildungen. it 2226. 149 Seiten

Leipzig. Literarische Spaziergänge. Herausgegeben von Werner Marx. Mit farbigen Fotografien. it 2710. 222 Seiten

Lissabon. Ein Städte-Lesebuch. Herausgegeben von Ellen Heinemann. it 2106. 390 Seiten

NF 31k/2/3.05

London. Literarische Spaziergänge. Herausgegeben von Harald Raykowski. it 2554. 272 Seiten

Wolfgang Koeppen. Muß man München nicht lieben? it 2712. 160 Seiten

New York. Literarische Spaziergänge. Von Herbert Genzmer. Mit farbigen Fotografien. it 2883. 160 Seiten

Paris. Literarische Spaziergänge. Von Uwe Schultz. Mit farbigen Fotographien. it 2884. 272 Seiten.

Mit Proust durch Paris. Von Rainer Moritz. Mit zahlreichen Fotografien. it 2992. 160 Seiten.

Potsdam. Literarische Spaziergänge. Von Jochen R. Klicker. Mit farbigen Fotografien. it 2926. 416 Seiten

Rom. Ein literarisches Porträt. Herausgegeben von Michael Worbs. Mit farbigen Fotografien. it 2298. 320 Seiten

Mit Marie Luise Kaschnitz durch Rom. Herausgegeben von Iris Schnebel-Kaschnitz und Michael Marschall von Bieberstein. Mit Fotografien von Mario Clementi. it 2607. 196 Seiten

St. Petersburg. Literarische Spaziergänge. Von Ingrid Schalthöfer. Mit farbigen Fotografien. it 2833. 240 Seiten

Trier. Deutschlands älteste Stadt. Reisebuch. Herausgegeben von Michael Schroeder. Mit Fotografien von Konstantin Schroeder. it 1574. 260 Seiten

Tübingen. Ein literarischer Spaziergang. Herausgegeben von Gert Ueding. Mit zahlreichen Abbildungen. it 1246. 384 Seiten

NF 31k/3/3.05